関西学院大学研究叢書　第269編

Hands-on
Learning

ハンズオン・
ラーニングのしるべ

木本　浩一　著
Kimoto Koichi

清文社

はしがき

　自動ドアが開かなくて困っている人が、後ろから来た人に手で開けてもらったという話を聞いたことがあります。多少開けにくかったのかも知れませんが、結果的に開いたのですから、施錠はされていなかったようです。自分で開ければいいのにと思いましたが、開かないから困っているのではなく、「自動に」開かないことに困っていたようです。

　自動にと言えば、私は、以前、車を運転しているときに、自動車は、〈自〉動車なのか、〈自動〉車なのか、と考えたことがあります。〈自〉動車の場合、自分で必死に走らせないといけませんし、いざというときには、車が壊れることがあったとしても止まってくれます。イギリスに滞在していたとき、隣家のおばあさんが、自分で走らせることができなくなるまでは運転するよ、と言っていたことを思い出します。〈自動〉車になれば、自分は車に乗るではなく、車に「載る」荷物のようなものになってしまうのだろうなとも思いました。

　さまざまなモノやコトが「自動である」ことが当然のように感じることが増えてきました。太陽が自動に昇ったり、気温が自動に上昇したりという風に言えば、私たちの生活は自然現象と同じようになっています。いや、同じようになるよう努力しているのかも知れません。

　「当然そうなる」という考え方が普通になれば、そうならないことは不自然なことになります。「予測不能（不可能）な時代」といった言葉が聞かれるようになりました。歴史上、予測が可能だった時代はないはずなのですが、予測不能な時代を「当然」とすれば、それへの対応を怠ることは不自然なことになってしまい

ます。予測不能な時代という予測をしておいて、なぜ、そうならないのかと思い悩むのは、一人芝居のようにもみえます。

　ただ、一人芝居には思い悩む「一人」の人間がいます。「自動化された自然」とも言うべき状況に、人間はいません。身の回りのことの多くが自動化しているなかで、私たちはさまざまな事柄が自動化してよかったという感慨に浸る間もなく、自らの思考や振る舞いを自然現象のように ── あらかじめ ── 想定されたことに合わせていかなければならなくなっています。学ぶこととは、予測可能性を高め、なすべきことをなし、なされていることに合わせていくことであるとでも言わんばかりです。

　本書はハンズオン・ラーニングについて述べていきますが、その前提には、以上のように、学び ── ラーニングとカタカナ書きされたものを含め ── が注目されている現状があるという認識があります。ハンズオン・ラーニング的に言えば、この現状認識の妥当性を巡って議論をしなければなりません。本書は、そうした議論の手がかりになればと思っています。

　さて、認知科学者の佐伯が、1975（昭和50）年、「かつての「問いなおし」から生まれた科学や技術が、今日公害やエネルギー危機に直面したとき、われわれはもはや自らを「言いくるめて」いる場合ではない」（佐伯胖（1975）『「学び」の構造』東洋館出版社、169頁）と述べ、人間とは「学びつづける存在」であり、その「存在を否定することだけは、断じて許してはならない」（同207頁）としました。

　認知科学者が専門の立場から学びを説明するのではなく、自らの学問を社会の中で位置づけ、さまざまなことと関連づけ、その意味を説明するという姿勢に、専門書にはない、科学者としての著者の人間性を垣間見たような気がしました。同書にはサリドマイドや水俣への言及もあります。

　学びとは何か。誰もが学んでいるという意味で言えば、学びは

千差万別です。学んでいないということを想定するのであれば、学ぶように促し、学び方を教えるよう関わることも必要でしょう。しかし、誰もが学んでいるのですから、「個々の学び」と「教育などの介入によって伝えられる学び」との折り合いのなかで学びが、学ぶ主体によって育まれていく必要があります。この点で、学びを「学び方」や「学ぶ力」に限定し、それを身につけた人間を「学びの達人」のように呼び、そうした学びをしない人を無視するような学びの議論と、本書は、一線を画します。

　それゆえ、本書では、ラーニングをハンズオン・ラーニングとして述べていきます。私たちは、いま、何をしているのか。「ハンズオン」という考え方の端緒はここにあります。

　私のなしていることは、私たちのなかで起こっていることです。「私たち」とは、家族や友人のように直接、眼前にいる人たちであったり、日本人や人類といった間接的で、抽象的で、目に見えない人たちであったりするかも知れませんが、私たちが私たちの一員として何かをなしているときに関わる人たち ── 「私たち」── のなかで、その何かが意味のある別の何かになっていきます。そうした「何か」をなしていこう、なしているという経験こそが「私」の行為を学びにしていきます。

　本書は、現象学や構成主義、機能論、状況論、認識論などさまざまな議論を、実際の授業に即して、組み合わせ、実践してきた記録です。しかも、そうした議論を紹介し説明するのでなく、ましてやどのように適応してきたのかというやり方でもなく、どのような授業をやってきたのかというところに焦点を絞っています。

CONTENTS 目次

第1章 はじめに
——ようこそ、ハンズオン・ラーニングの世界へ　01

第2章 ハンズオン・ラーニングとは何か
——基本的な考え方　13

1 | ハンズオン・ラーニングはアクティブ・ラーニングなのか …… 15
2 |「考えるべきこと」と「考えること」 …… 19
3 | 興味と関心 …… 20
4 | 私の事例 …… 22
5 |「ため」連関 …… 24
6 |〈教える－教わる〉の呪縛 …… 25
7 |「触れる」学び ——ハンズオン・ラーニングとは？ …… 27
8 | なぜ、「しるべ」なのか …… 30
9 | 社会をなして生きつつある存在 …… 31
10 | よい社会 …… 33
11 | 学びのある社会 …… 34
12 | 学び合いのプログラム …… 35
13 | 高等教育のオペレーティングシステム(OS)としての
　　ハンズオン・ラーニング・プログラム …… 36
14 | テクストとコンテクスト …… 37
15 | 仕掛け人としての教員 …… 38

第3章 アプローチ
──方法論的な留意点

41

- **1** 入れ子状の仕組み ……………………………………………………… 45
- **2** 授業を位置づけ、関連づける ………………………………………… 46
  - **2-1** 位置づける ──プログラム …………………………………… 46
  - **2-2** 関連づける ──科目 …………………………………………… 47
  - **2-3** 科目として授業をつくる ……………………………………… 48
- **3** 知的基礎体力 …………………………………………………………… 53
- **4** 理解と探究 ……………………………………………………………… 54
  - **4-1** 理解 ……………………………………………………………… 54
  - **4-2** 探究 ……………………………………………………………… 57
- **5** 科目群と授業の構成 …………………………………………………… 62
  - **5-1** ハンズオン・ラーニング・プログラム ……………………… 62
  - **5-2** 授業の構成 ……………………………………………………… 63
- **6** キャンパス外のプログラム ──テーマ設定 ………………………… 65
  - **6-1** テーマ設定 ……………………………………………………… 65
  - **6-2** カウンターパートとしての地域や企業 ……………………… 71

CONTENTS 目次

第4章 授業 ——メソドロジー　73

1 セッティングと導入　77
- **1-1** セッティング　77
- **1-2** 導入 ——クラスネームとメモ　79

2 2つのワークと3つのセッション　86

3 第1セッション ——2つのサブセッション　89
- **3-1** サブセッション(a) ——メモからビブリオへ　89
- **3-2** ビブリオ　90
- **3-3** なぜ、このスタイルなのか　93
- **3-4** サブセッション(b) ——代筆　97
- **3-5** 代筆(第2回)　99
- **3-6** サブセッション(続き):テキスト1(第3～6回)　101

4 インストラクション ——第1セッション　104
- **4-1** 考えるとは(2つのタイプ)　105
- **4-2** 社会と社会問題　106
- **4-3** わかる ——個人　107
- **4-4** わかる ——グループ　109
- **4-5** グループワーク(進め方)　111

5 第2セッション ——理解から解釈へ　114
- **5-1** 理解と解釈　114
- **5-2** 書評と編集会議 ——第2セッション(第7～9回)　117
- **5-3** 評価「する」　120

6	第3セッション ──共に考える（第10〜13回）	121
7	最終回（第14回）	126
8	応用	130
	8-1 ハンズオン・インターンシップ	132
	8-2 高大連携プログラム ──One Night Dialogue	137

第5章 コメンタリー　141

1	ケースとしての方法	143
2	運営体制 ──多段かつ多彩なレイヤー	144
3	さまざまなケース ──誰にとって何が困るのか	147
	3-1 出来事	147
	3-2 ケース──学生編	149
	3-3 ケース──スタッフ編	153
	3-4 学生のタイプ	155
	3-5 ケース──テーマ相談や面談	157
	3-6 教員を含む大人がやりがちなこと	165

第6章 おわりに
──学びのある社会を目指して　169

あとがき

第1章

はじめに
—— ようこそ、ハンズオン・ラーニングの世界へ

日本の大学を変えようと張り切っていた2010年頃を懐かしく思い出します。大学を変えることで日本の大学を変えてやるぞ、と。

　大学の組織改変やカリキュラム改革に深く関わる中で、社会からのニーズに応えないといけないという圧力に晒されていました。そうした声に応えなければ大学はつぶれてしまう。改革とは、そうした声に応える機能を「向上」させることである。つぶれる心配がなさそうな大学はもっと魅力を高めて社会のニーズに応えて、学生の満足度を上げよう。こういった空気が日本中に充満していました。

　社会からの漠然とした期待やニーズに対して、応えられる大学と応えられない大学との選別が行われ、生き残った高機能な大学から優位な人材が社会に提供される。レベルに多少の違いはあったとしても、機能的には似通った大学が残るのではないか。学内で改革を主導する立場にありながら、変わり方を決められている中では、せいぜい人材養成機関としては生き残れる可能性がある程度のことしかできない、と考えていました。こうした、いわゆる機能主義的な考え方をしている限り、何に応えようとしているのかわかりもしないのに、応えられているかどうかやいかに応えるのかといったことしか話題になりません。教育機関なのに教育のことを考えることができない。教育「機関」の存続や機能ではなく、高等教育の存在意義を問うところからはじめてみました。

　大学は変わりませんでしたが[*1]、高等教育プログラム構築に向けた手応えを得ることができました。

＊1：個別大学での取り組みが頓挫したという意味に留まります。ここまで述べてきたとおり、大学が変わらないことが問題ではなく、学外からのニーズ論に対して機能主義的な応答という「改革」しかできないこと、社会一般については、人材の供給先、子供たちの進学先以上の評価ができず、高等教育がある社会という構想について議論できない、などが問題になるでしょう。

2016年4月、関西学院大学に移り、ハンズオン・ラーニング・プログラムの開発に関わることになりました。同プログラムは、「教育OS（オペレーティングシステム）の刷新」を謳う「ダブルチャレンジ制度」の中で、副専攻プログラム、留学プログラムと合わせて三本柱の一つとして位置づけられました。構想段階で、このプログラムは、サービスラーニングやプロジェクト・ベースド・ラーニング（PBL）、インターンシップ、フィールドワーク、グループディスカッションなどを組み込む、「学習・能力開発を重視する教授法としてのアクティブラーニングが集約されたプログラム」（構想調書）とされていました。

　内容的に特に真新しいものはありません。個々の取り組みとしてはいろいろな大学で素晴らしいプログラムがあり、多くの事例を知っていましたので、それらに大学の名を冠して寄せ集め、新しい名前をつけただけでは何も起こらないだろうなと思っていました。ただ一点、高等教育のOSを刷新しうるプログラムを開発するという理念に共感し、関西学院大学に移籍しました。私は、プログラムをつくりながら、プログラムを運営し、個々の科目を構想し、それらを授業として実践することになりました。

　ハンズオン・ラーニング・プログラムが単なる大学の便宜上の衣替えであったのか、本気で高等教育のOSを刷新しうるだけの内容をもつプログラムの開発を目指したのかは、大学の都合上の説明に留まらず、社会にとって大きな意味を持ちます。OSに触れるということは、大学の機能上の課題ではなく、大学の存在意義に関わる課題に取り組むということになるからです。つまり、大学が大学の（経営上の）存続のみを考えるのであれば、大学に高等教育を専有させておく必要はありませんし、社会における高等教育とは何かといったより広い文脈の中で、高等教育の社会的な存在意義を問い、その答えを出し続けなければならないからです。

　とは言え、当初は、私自身も、授業のやり方から着手し、プログラムの構想や理念を徐々に詰めていけばいいと安易に考えていました。しかし、その作業を進めていく中で、小手先のやり方－手法の寄せ集め－ではまったく歯が立たないことを痛感させられました。OSに触れる教育プログラ

ムであるためには、徹底的に根本から考え直し、組み直していく作業が必要であったのです。

　ハンズオン・ラーニング・プログラムの難関の一つは、学び（ラーニング）を教育プログラムとして実践することです。

　「学ぶ」だけであれば、教育は必要ありません。ましてや、主体的な学びというときに、「「主体的になれ」という私の指示に従わせる」という使役動詞的な文章の主語は、相変わらず学ぶ本人ではありません。間接的に、しかも相手の主体性を尊重しているようにみせかけながら指示する。表現上は、「従ってもらってもよいでしょうか」と相手にやさしく許諾を迫るとしても、指示したり、迫ったりしていることに変わりはないわけであって、ただ、やさしさがトッピングされているだけです。

　ハンズオン・ラーニング・プログラムは、学びのプログラムではなく、学びのある教育プログラムを目指しています。学びに言及するプログラムは、謳い文句はともかく、気を抜いてしまうとすぐに使役動詞的なプログラムになってしまいます。教員は、学び合いの中で学ぶ教育プログラムを「学び合いの一員」でありつつも、「仕掛け人」として仕掛けていきます。

　内と外のあるゲームという図をイメージすれば、内において、学生と同じくプレーヤーであるということは当然としつつも、その「当然」の意味はプレーをすることにあるのではなく、プレーを成立させることにあります。バレーやテニスの審判のような立ち位置かも知れませんが、決して、ルールの適用に専心するのではないという意味で違います。ゲームのときだけに登場するのではないのでコーチや監督のようにもみえますが、プレーヤーを指示に従わせるという立ち位置でもないのでそれらとも異なります。だからと言って、外で、観客席から歓声をあげたり、解説席から評論したりいうことでもありません。プログラムを実施するとなれば、必ず向き合うことになる「内」と「外」という課題に対して、仕掛け人としてどのように対処していくかが問われます。

　また、ハンズオン・ラーニングを経験学習と読み換える人もいます。経験の中から何かを学ぶという程度であれば、わざわざ教育プログラムとし

て提供する必要はありません。ハンズオン・ラーニングを経験学習と呼ぶのであれば、経験が学習（できれば「学修」）になり、経験学習が教育プログラムとして提供される際にどのような要件が満たされるべきなのかを示さなければなりません。もちろん、「経験させる」ということになれば、もれなく使役動詞問題は出てきます。経験してほしいこと、経験しなければならないことがあるからといって、経験させなければならないということにはなりません。

　歴史的にみれば、ハンズオン・ラーニングには二つの系譜があります。まず、水族館や博物館などで実際に生き物や展示物に触れてみようという取り組みがあります。これは単なる展示方法の工夫に留まらず、私たちの生活や仕事が激変する中でも、「触れる」という経験が必要とされる状況があるという社会的な合意の現れかも知れません。

　もう一つは、高等教育に関わる現場において広く実践に関わるプログラムがあります。実践とは、地域や企業といった「現場」での実践を指す場合もありますが、何よりも、いま、自分は何をしているのかに触れるというものです。

　私がまだハンズオン・ラーニングに関わる前、カナダの工学系の大学でエンジニア志望の学生が履修する授業を見学したことがありましたが、その際に案内してくれた教員が次のようなことを言っていました。

　エンジニアの勉強をしている学生が自分の設計したエンジンを搭載した車に乗ったことがない。エンジンのトルク特性と乗り心地といった感覚との「関わり」を知らなければ、もっと精確に言えば、「関わりがあるということ」を知った上でトルク特性と乗り心地に注意しなければ、よいエンジンはできない。もし、自分が実際にエンジニアになったとき、コストダウンを要請される一方で、こだわりのある客に魅力のある車をつくってほしいという営業サイドの要望があったとき、どのようなエンジンをつくるのかという議論に関わることができない。そのような場面を想定した授業が必要だ、と。

　実際には、車に乗ってドライブに行くといった程度にしかみえない授業

でしたが、学生に話を聞くと、「エンジニアになるため」ではなく、「エンジニアであるため」には意味のある授業だ、という答えが返ってきました。

また、私が「ハンズオン・ラーニング・プログラムを開発するために他の大学に移る」とアメリカの大学の友人に話したとき、彼は、「ハンズオン・ラーニングでない大学の授業があるのか」と笑っていました。彼の大学は、いわゆるリベラルアーツを徹底した大学であり、大学院や企業、地域との連携プログラムの中で専門性を追求するというカリキュラムをもっていました。大学のカリキュラムそのものはそうした専門プログラムの基盤、橋渡しになるような内容をもっており、単純に言えばイギリスのカレッジ教育のような機能を果たしています。

大学が多様であり、大学群として高等教育プログラムを形成しているアメリカだからこそ言えることだろうなと思いつつも、ハンズオン・ラーニングを ── 関西学院大学では全学共通科目群に含まれてはいますが ── 部分的なプログラムに留まらせておいてはダメだなという感想をもちました。[*2]

*2：関西学院大学の場合、全学共通科目群には含まれていますが、その科目群内のサブカテゴリーに留まっています。

ハンズオン・ラーニングは、以上の二つの系譜を意識しながらも、何かに「触れる」というよりも、「触れる」べきものに「触れる」ということを意識したプログラムです。「触れる」べきものがあらかじめ存在しているという前提に立たないということ、「触れる」べきものを自ら設定しなければならない、そして設定の妥当性を巡って対話がなされないといけないということ、「触れる」ことによってはじめてトレーニングが可能になること、などを特徴としています。

大学が置かれている状況を概観すれば、いわゆる「大綱化」（1991年）以降、ほぼ十年ごと状況が変化してきました。その意味では、大学に通ったことのある人であっても、どの時期を過ごしたのかによって語られる大学のイメージは異なります。私のように、大綱化直前の時期に学生をして

いた人間は、学部三年でようやく学部に入る、つまり大学に入学して二年を過ごし、三年になる段階で学部に入る、という感覚をもっていますし、もっていました。

　しかし、大綱化以降では、学生は大学ではなく学部に入学（入学部）します。実際、卒業生に話を聞いても、卒業証書はあるけれども、学部ではなく大学で何を学んだかについて明確な答えを持っている学生は多くありません。学歴の話が出る場合に、相変わらずどの大学を卒業したということを漠然と語ることがありますが、実際には、制度上、学生の学びはその大学にある学部カリキュラムの中の話です。学部教育だけでさまざまな教育内容をカバーしようとすれば、勢い、専門性の高い教育は、その教育が──研究職は別としても──就職に役に立つのかといった圧力に晒されることになります。

　1990年代以降、教養部が解体され、短大の4年制大学への移行、旧来の学問領域にとらわれない学際的な学部に再編が加速すると、各種免許や資格を取りやすくするため、資格取得プログラムをカリキュラムの中核に据える学部が増えました。1990年代後半には、キャリア支援のプログラムが科目化され、ボランティア活動などにも単位を付与するようになりました。教員にとっては、制度上、専門教育に特化できる仕組みができあがった一方で、教育では、よりわかりやすく、就職や資格取得にも役立つような内容をといった具合に「教員としての役割」を求められるようになりました。

　2010年代に入って、社会人基礎力や学士力といったいわゆる「○○力」が普及する中で、そうした「力」を学生に身につけさせさえすれば、その身につけさせ方や何を身につけさせたのかは問われない、という状況が生まれました。教員に対して、教育に向けられる研究の内容は問われず、授業評価やGPAなどで客観的に指標化された数値が伸びるか否かということ以上は問われないようになりました。すなわち、研究者は研究をできる環境がなければ研究者を続けることができませんが、大学で教育を行う者は研究者を含め、教育することができるのであれば誰でもできる、という

ことです。つまり、汎用的な能力や資質を身につけされることができれば、研究者や学者である必要はなくなったのです。

コンピテンスモデルとも呼ばれる教育環境の中で、教員も生徒や学生も測られます（小方2013）。高校で言えば、教科での学びは受動的なので、「探究学習によって能動的な学びを」というのはいかにも乱暴です。受動的か能動的か、専門性か汎用性か、理系か文系かといった二項対立的な図式の中で選択を強い、選択後はひたすらその選択肢の中で要請される「力」を身につけよ、という枠組みの中では、どういった選択肢が妥当なのか、といった問いはあらかじめ存在しません。

高校でも探究学習が本格化しました。大学において研究や学術が専門へと縮減され、教育では汎用的能力が求められ、高校では「受動的な」教科ではなく、「能動的な」探究が要請されるという傾向が強まれば、大学は高等な高校になっていくでしょうし、高校はある意味で大学化していきます。

「握る力」と「握力計で計測された数値」とは異なります。想定された数値だけをみるのであれば、「握る」という経験は不要になります。数値のあげ方だけを考えるのであれば、効率的な「やり方」を探す方が手っ取り早いでしょう。思考レベルにおいても、そうした「やり方」の追求でよいとするか否かは私たちにとって重要な論点ですし、生徒や学生が生きていく世界を先取りして、私たち大人が判断してよい、とは思えません。せめて、生徒や学生たちがそうした問題に、解決できないとしても、向き合う機会をつくっていかなければなりません。

ハンズオン・ラーニングを教育プログラムとして実践することの難しさはやり方が難しいのではありません。やり方があるのであれば探せばよいですし、教えてもらえばよいのでしょう。やり方のある社会ではなく、学びのある社会 ── 学校、組織 ── における学びのある教育プログラムを構築しようとするところに最大の困難があります。教育に携わる者は、この困難を回避し、やり方探しでお茶を濁すようなことではいけません。

学びのある社会では誰もが学んでいるという意味において、学ばなければなりません。その学びは学び合いという関わりの中で経験していく学びです。もう少し精確に言えば、学びは学び合いの中でしか起こらない出来事です。学び合いがあるところには、どこにでも学びはあります。学び合いがそこに関わる人にとって意味のある学びになるのか、どのような学びであるのかという部分は個々人に委ねられています。

　それゆえ、ハンズオン・ラーニング・プログラムに関わるものすべてに学びがなければなりません。授業に限定して言えば、教員は教員という立場で、学生や生徒はそうした立場で、授業という学び合いに関わることになります。仮に学びを拒否するとしても、そこにいるのであれば、学び合いに関わらなければなりません。特に、仕掛ける側に立つ教員や職員には学び合いという関わりの中にいることに慣れてもらわなければなりません。

　本書で書き出したことは、体系だったハウトゥ（＝やり方）ではありません。「こうすれば作動する」装置でも、「ここに効く」というヒントでもありません。

　現場に関わっている人であれば、何かをしています。何もしていない、何も考えていないという人は想定していません。誰しも個々の現場でリアルに奮闘努力しているはずです。自分のしていることに向き合う際に、ふと思い起こしてほしいことを本書に集めました。

　何が起こるかわからないという状況の中で、それにも関わらず、何かを起こそうという方々に読んでいただきたいと思います。

　本書の構成は以下の通りです。
　第2章では、これまで述べてきたことと一部重複しますが、ハンズオン・ラーニングと同プログラムの基本的な考え方を述べていきます。これは何らかの定義というよりも、構想からプログラム、授業での具体的な実践といった各レベルで学び合いに関わる者が参照すべき論点といったものです。
　第3章では、プログラムや科目、授業を具体的に構築していく作業上で留意すべき事項について述べます。ハンズオン・ラーニングはプログラム

として構築し実施するという考え方をしますが、実際には当然ながら個々の科目や授業として実施されます。そうしたプログラムを具体的な科目や授業と関連づけながら具体的に作り上げていくための方法上の留意点を述べます。

　第4章では、実際の授業の「やり方」について述べていきます。基本的な考え方は同じですが、その考え方に基づいて、具体的な授業で、どのような教材を用いて、どのようなワークをやっていくのかという視点でまとめています。

　第5章は、これまでの授業の中で出くわした場面とそれへの対応をケーススタディのような形で紹介します。

［参考文献］
小方直幸（2013）「大学における職業準備教育の系譜と行方」広田照幸 ほか『教育する大学（シリーズ大学5）』岩波書店、49-75頁。

第2章

ハンズオン・ラーニングとは何か

―― 基本的な考え方

1

ハンズオン・ラーニングは
アクティブ・ラーニングなのか

　ハンズオン・ラーニングはアクティブ・ラーニングなのか、課題解決型学習（PBL）の一種なのかと聞かれることがあります。大学にセンターを置き、プログラムを実施しているのですから、そうした問い合わせがあることはうれしいことです。

　率直に言えば、その答えはイエスでもノーでもあります。「もし本当に興味があるのであれば、実際に授業を見に来てください」と言ってきました。授業やプログラムは常に公開してきましたし、授業の「成果」を報告する際にはなるべく学外の施設を利用し、学外の方々にも触れやすいようにしてきました。

　ラーニングに興味がある人であれば、納得しないまでも、このようなプログラムもありかも知れない、と一緒に考えていただけるはずだと思ってきました。

　学びをラーニングと言い換えるようになったのはいつ頃でしょうか。学術用語としてはもっと前だったとは思いますが、直接のきっかけは、いわゆる「質的転換答申」（中央教育審議会2012年8月28日）であったように記憶しています。と言うのも、当時、広島女学院大学で大学改組やカリキュラム改革に深く関わっており、めざとく最先端の議論をキャッチして、それらを踏まえた上で、もっと根本的かつ飛び越えた改革をやってやろうと思っていた時期であり、強く印象に残っています。

　その答申には「従来のような知識の伝達・注入を中心とした授業から、

教員と学生が意思疎通を図りつつ、一緒になって切磋琢磨し、相互に刺激を与えながら知的に成長する場を創り、学生が主体的に問題を発見し解を見出していく能動的学修（アクティブ・ラーニング）への転換が必要」（同答申9頁）だと謳っています。もう10年前だと言われるかも知れませんが、学習を「学修」に言い換えてみたり、単位を実質化してみたり、現在でも、基本的にその方向性は変わっていません。

　当時、こんな大学があってよかったと言ってもらえる大学をつくるには何をしたらいいのかともがいていました。しかし、いま思えば、改革を主導する側が、自らのやり方や考え方を正当化するために監督官庁の言葉をそのまま引用したり、何らかの理論を共に教員や職員と検討するのではなくそのままモデルのように導入しようとする姿勢には、学びがあったとは言えません。

　いいことが書いてあると思います。ただ、普通にこの文章を読めば、誰が「成長する場を創り」、誰が転換を「必要」としているのかを読み取ることはできません。もちろん、それは社会だ、政府だという意見もあるでしょう。

　同答申に前後して、アクティブ・ラーニングに関わる議論が活発になりました。その中に、アクティブ・ラーニングは誰もが日常的にやっている学習形態なので、それを教室に持ち込めばよいという話がありました。その通りでしょう。誰しも、日々、いろいろな工夫をしながら生きています。しかし、その工夫を学びと言い換えて、カタカナにし、しかもアクティブを付けて教育に持ち込むとは、いかにも尊大です。つまり、誰もが日常的にやっていることに対して、なぜ、そのようなことまで言われなければならないのでしょうか。

　主語がみえない文章なのでその真意はわかりませんが、「主体的になれ」というかけ声の主体がみえない気味の悪さはあります。先に触れた使役動詞の話です。ラーニングの主体は当然本人ですから、他人からみて、客観的にみて、見劣りするとしても、そのラーニングは常にアクティブです。

　授業の中でも話しますが、もし本気で学習から学修へと向かうのであれ

ば、授業とは学生が学び続ける中で定期的に実施される会合のようなものになるはずです。順調にいっていない学びであったとしても、その会合がペースメーカーのような機能を果たします。学習から学修へという傾向は強くなりつつありますが、両者の見極めと使い分けとが必要なわけであって、一方的な「学修へ」という流れには気をつけなければなりません。教育とは学びの枠組みを規定すると同時に学びを守ります。

《図表2-1》学習から学修へ

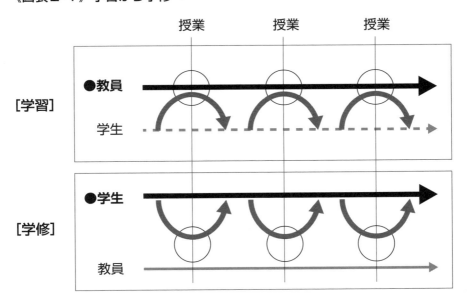

しかし、追い風は反発しにくいものです。北風と太陽の寓話ではありませんが、北風への抵抗の経験があってはじめて太陽が暖かく感じるわけです。太陽だけの授業の中で、能動的に、主体的にと言われても、後には、もっと能動的に、もっと主体的にという比較級の世界しか残っていません。北風を想定しているのは大人だけであって、北風と太陽という対抗は今の子どもたちの世界にはありません。「正しい正義」というように、正義そのものに「正しい」と「正しくない」というのであれば、正義とは何かなど誰も考えなくなってしまいます。学びが大切というのであれば、学びと

は何かからスタートしなければなりません。

　ハンズオン・ラーニングはもう一つの世界のようなものです。ただ、その世界は少し回りくどい世界です。誰しも学んでいるわけですから、この世界に学びはあります。しかし、その学びには、「学べ」といった命令調で、しかも「主体的に学べ」「このように学べ」といって直接介入することをよしとするような社会が潜んでいます。ハンズオン・ラーニングは、そのような社会に対して、「学びのあるもう一つの世界がある」ということを示す教育プログラムです。学生に「学んでもいいですか」「考えてもいいですか」といった許諾を求めさせるような教育ではいけないと思います。

　世界を変えたり、もう一つの世界をつくったりしなくとも、学びのある世界である限り、世界のあり方も多様性に開かれています。学びのある世界は本来の ── 言うなれば「既存の」── 世界なのかも知れませんし、これから到来する世界なのかも知れません。現在の社会のニーズのようなものに応じるだけの教育であれば、わざわざ大学で実践しなくとも、多くの人が日々の実践の中で気付いて取り組むでしょうし、ビジネスにすることもできるでしょう。高等教育として提示すべきプログラムは、可能性に開かれたもう一つの世界に関わる「高等な」教育でなければなりません。

　主体的に学ぶべきは学生だけではありません。学生には学生の、大学には大学の「学び」があります。大学は人材育成と称してところてんを押し出すように「主体的な」学生を育成するのではなく（図表2-2中のA）、「主体的に」自らが「高等な」教育を社会（現行の社会p）に問うていかなければなりません。学生は、その教育を活用して学び、学生自らが「社会をなして」生きていくことになる社会（社会q）を構想し、担う仕方を養っていきます。大学自らの学びは、組織の延命や人材養成のためではなく、高等教育を担いうる存在であることから始まります。

《図表2-2》主体的学びのジレンマ

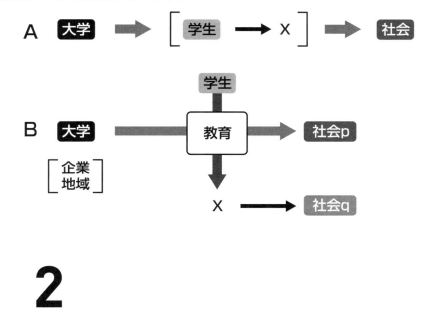

2

「考えるべきこと」と「考えること」

　とは言え、そのようなプログラムが当然のように提供されているのであれば、わざわざハンズオン・ラーニング・プログラムを開発したり、展開したりする必要はありません。

　ハンズオン・ラーニングは「触れる」をキーワードにする学びです。触れるのは、「考えるべきこと」と「考えること」そのものです。考えるべきことに触れ、考えることそのものに触れるということがみえてきてはじめて、トレーニングに向かうという流れができるでしょう。

　考えるべきことと考えることそのものが自明であればスムーズに流れるのかも知れませんが、実際にはなかなか流れません。プログラムを開発、実践する中で流れの中の障害とでも言うべき、多くのハードルを経験して

きました。そのハードルは学生だけではなく、教員を含むいまの社会で学ぼうとしている人すべてにとってハードルになるようなものです。ハードルもハードルとして意識していればよいのかも知れませんが、越えようとせず立ち止まっている人、越えたつもりになっている人、知らず知らずのうちに越えることができているのでハードルを意識しない人など、さまざまです。

　越える越えないにかかわらず、これはハードルではないかと問いながらプログラムを充実させてきました。先に述べたもう一つの世界とは、ハードルを越えた先のゴールにあるハードルのない世界ではありません。何をハードルとみなすのか、そもそも越えた方がいいのか、そのハードルは誰が越えるのかといったことを問うことを通じて、学び合いが存続するようなハードルのある世界です。

3

興味と関心

　考えるべきことと考えることそのものにたどり着く ―― 「触れる」 ―― までが一苦労です。ハードルのいくつかをみていきましょう。

　まず、興味と関心です。興味や関心をもってはいけないということではありませんが、「興味や関心のあること」と「考えるべきこと」とは同じではありません。興味や関心があるだろう、と言われて、途方に暮れる場合もあります。耳触りのよい言葉ですので、興味や関心を手がかりとして授業を運営していくことは簡単です。

　しかし、興味や関心そのものは個人に関わるものであって、必ずしも学

びと相性がいいとは言えません。

　興味や関心は、いかに高尚なものであっても、難しいものであっても、個人の営みの中で完結させればよいものですし、本当に興味や関心のあることに没頭している人は、たとえ学びとは言え、他人に解消してほしいなどとは考えないものです。

　興味や関心だけではなく、こだわりやふとした気付き、何らかのきっかけの中から、考えるべきことを意識し、それを学ぶというプロセスが必要です。その学びは教育に馴染むものだけではありませんし、学術的な検討や科学的な分析に馴染まないものも多くあります。また、学びに至るプロセスもさまざまです。

　興味や関心があるはずだという前提でもって、学生や生徒を教育に引きずり込むことは危険です。もっていい興味や関心の選別が行われ、興味や関心をもつことそのものの芽を摘んでしまう可能性があるからです。

　教育プログラムで扱う興味や関心は、興味や関心を同じくする人を探すのではなく、こんなことに興味や関心を持つべきだろうと「言えるもの」、「言えるところまで本人がもってくるようなもの」にまで変換しなければなりません。もちろん、変換するのは本人です。

　変換後の姿を考えたとき、それはもともと大して興味や関心を持てなかったものであったり、ちょっと気になったこと程度のであったりするかも知れません。そして、何よりも、自分は、こんなことに興味や関心を持てるのだということに気づくかも知れません。決して自分探しではありません。

　いずれにせよ、本人の興味や関心をテコにするだけでは、結局、使役動詞的に学ばせることになりかねません。

4

私の事例

　以上は一般論ではありません。私自身が研究者になろうとしたときや、ハンズオン・ラーニングに関わるようになったときのプロセスでもあります。

　私自身は、主体的になれ、自分でやれと言われることは大きなお世話だと思っています。必要なときにはこちらから聞くから放っておいてほしいといった感じです。個人の性格は変わらないでしょうが、研究者として、教育に携わるものとして、億劫であってもやるべきこと、考えるべきことがあると痛感させられたことがあり、それを手がかりにして研究や教育に関わってきました。

　ハンズオン・ラーニングに関わるようになった背景を述べてみます。きっかけは2003年の折り鶴放火事件です。事件そのもののことではなく、事件後、当時在籍していた広島女学院大学と関西学院大学が連携授業を実施しようと動いたことがきっかけになりました。ただ、広島出身の私としては、原爆の話を教育の「ネタ」にする覚悟も準備もなく、ましてや研究の素材にすることに対しては違和感をもっていました。

　しかし、連携授業で宇吹暁先生のサポートをすることになり、授業に関わってくださる方々の期待に圧倒されました。その後、宇吹先生の退職後の2011年度からは、私が連携授業を受け持つことになり、テキストや講義、フィールドワークを素材として、平和を考えるプログラムに作り変えました。

　当時、私は、広島女学院大学で大学改組と全学のカリキュラム改定に深く関わっていました。同大学では、資格関連科目のまとまりはあるものの、体系性やカリキュラムとしてのまとまりを欠いた科目群が併存していまし

た。そして何よりも、学部や学科ではなく、大学としてそれらの科目群を入れる袋のようなものがなく、悩みました。広島女学院大学という大学として世に問う全学的なプログラムがあって、そのプログラムの中にいくつかの科目群があるという構成にしなければならないと考え、その全学的なプログラムを象徴する科目として、前述の連携授業を位置づけようとしました。

　全学的なプログラムとは、各科目群の基礎科目や教養教育といったものでもありませんし、スキル系の科目やリメディアル、キャリア教育のような科目を寄せ集めた科目で埋め合わせるようなものではありません。

　全学的なプログラムとは、その中に含まれるカリキュラムなどの科目群を特徴づけるものです。大学設置の理屈から言えば、同じ基準に照らして学部や学科は設置されるわけですから、どの大学でも法学部なら法学を体系的に学べるはずです。ましてや資格系の科目群の場合、資格取得が可能なのであれば、専門学校を含めどの大学でも変わりはないはずです。全学プログラムは、そうした科目群の色づけを可能にするものです。その色づけを合格率や就職率などで互換するのではなく、うちの大学の教育はこのような特徴をもっていると主張するコンテクストになるものです。

　連携授業も授業という単位で同じ構造、つまり全学プログラムと科目群、個々の授業という入れ子構造で構想したものです。内容は、宇吹先生の講義もありましたし、テキストを読み、フィールドワークもやりました。それらを意味づけるコンテクストの部分を作り出したわけです。

　私が何かをやったわけではなく、学生が聞く話、学生が感じたこと、学生が考えることを、「平和を考える」という袋の中に入れました。平和そのものに触れることはできなくとも、さまざまなワークの中で平和について考えることはできます。教員として考えるべきことを教育プログラムとして具体化し、学生には考えるべきことに触れてもらったつもりです。

5

「ため」連関

　ハードルはまだまだあります。「ため」連関と呼んでいるハードルがあります。悪気はないと思うのですが、なぜ、と問われることがあります。「なぜ、この授業を履修しなければならないのか」から始まって、「なぜ、こんなに難しいテキストを読まなければならないのか」、「なぜ、そこまで考えなければならないのか」など、あらゆる「なぜ」が出てきます。

　問いたいのですから、問うてもらって結構ですが、まともに答えてしまっては危険です。つまり、就職のため、単位をとるため、学生にわかりやすくするため、負担をかけないためなど、「ため」で答えることのできる一群の回答があります。

　いわゆる「ため」連関にゴールはありません。ハードルの前で一緒に踊っているようなものです。神や自らの価値観を持ち出して説明する場合もありますが、どこかで思考停止するか、哲学問答になってしまいます。

　例えば、志望校に合格するために何かをするとしても、それをしたから合格できるというものではなく、合格できる可能性が高くなるという程度のことです。合格できたか否かは合格した後でなければわかりませんし、志望校を選ぶのは合格する前のことです。合格した後で、例え志望校が母校になったとしても、あの学校がいい、うちの学校はダメだと言っているようでは、いつまで経っても学校に入る「前」の時点に留まり、入る「ため」の思考から逃れることはできず、いま、ここにいる自分は置いてきぼりになります。

　ハンズオンでは「これは何のためにやるのか」という問いに対しては、「これ」とは何かを問います。つまり、何のためにやるのか、どのように

やるのか、といった問いに逃げてしまうと、そもそも「これ」は何なのかが明確にならない「擬似的な問い」（佐藤2024）になってしまいます。*¹

問いには答えろと言われるかも知れませんが、「ため」連関の場合、堂々巡りになってしまいますので、このような問いで返します。ハンズオン・ラーニングは、理由ややり方に逃げずに、私たちは、いま、何をしているのか、という問いから始めるという学びです。

> *1：佐藤（2024）は、マートンを引きながら「事実関係に関するWhatの問いに対する確実な答えを求めることを怠って性急に社会現象の因果関係に関するリサーチ・クエスチョンを設定してしまった場合、それは実質的な意味の無い「擬似的な問い」になってしまう」と述べ、挙げ句の果てには「「単なるモデルづくりに」終わってしまう」場合や「間違った問題を解く」ことになることが多いことを指摘しています（佐藤2024、91-93頁）。調査をするという地点からみれば妥当な指摘ですが、ハンズオン・ラーニング的に言えば、「Whatの問い」に対する答えの確実性を巡っての議論からスタートしなければなりません。

6

〈教える－教わる〉の呪縛

ハンズオン・ラーニングをやってみよう、という場合に、「何」の部分に触れることができるのは本人のみです。「学ぶ」や「考える」に触れ、それを鍛えていこうというところで初めて、プログラムとそれに基づいた仕掛けが登場してきます。

学生は現場 ── 授業、地域、企業、人間関係など ── での学び合いの中で、「何か」を学びます。「何かを学ぶ（＝教わる）」というスタイルからすると風変わりに聞こえるかもしれませんが、学ぶべき何かは自明ではありません。
　次のハードルは〈教える－教わる〉という構図です。このハードルは仕掛ける側が超えなければならないハードルです。

《図表2-3》「教わる」から「問う」へ

　問いを解いて、答えや成果を出すという構図の場合、問いが不問にされがちです。つまり、そもそも問うに値する問いなのかの検討が少なすぎます。
　答えのない課題にチャレンジしようというかけ声は結構です。
　しかし、ひたすらどうやって解くのか ── 特に技術的に解くのか ── という手法に群がるだけでは、いったい何を解いたらいいのか、その問いに何か意味があるのか、その問いが解決されたあとにどのような社会が待っているのかといった問いには誰も答えることができません。答えを出すトレーニングが答えを吐かせるトレーニングになってしまい、結果として、何も問えないようになってしまっては本末転倒です。教える側も、「何を教えているのか」ではなく、「何をしているのか」というレベルで考えていく必要があります。
　「教える」ということを前提にしてしまうと、教え方の話にはまってしまいます。教科で教える場合には教える内容は決まっていますので、教え方に向かうのは妥当かも知れませんが、内容が定まっていない時点で教員だけが教え方に集中してしまっては、学び合いの中で「何を」が問えなく

なってしまいます。

　以上に関連して、学生のやる気や意識の「せい」にする場合があります。「せい」にする以前にやる気を喚起しようとがんばってしまうことがあります。生理現象を含めて言えば、やる気のあるときもないときもあります。やる気があっても、考えるべきことがなければ、何もしません。下手にやる気や意識を喚起しすぎると、やる気があるように見せたり、意識を高く見せたりすることで繕うことになってしまいます。

　ハードルは学びに関わるものすべての人の前に現れます。

7

「触れる」学び
── ハンズオン・ラーニングとは？

　考えるべきことを考えるには、考えることそのものに触れなければなりません。

　ハンズオン・ラーニングは、何かを「学ぶ」や何かを「考える」といった他動詞的なものではなく、自動詞的な学ぶや考えるに「触れる」学びです。触れているからこそトレーニングという形で関わることができます。[*2]

> *2：「触れる」については、坂部（1983）、伊藤（2020）などを参照してください。「ふれるという体験にある相互嵌入の契機……が、さわるということの場合には抜け落ちて、……さわるものとさわられるものの区別がはっきりしてくる」（坂部1983、27頁）。

ただ、あえて「触れる」としたのは、そもそも「学ぶ」や「考える」を理解することができるのだろうか、という疑問が残るからです。「学ぶ」や「考える」を理解し、その構造を明らかにし、この部分を操作すればよいトレーニングができるといったようなことが起こるのでしょうか。いわゆる機械論という考え方です。今どき、ロボットについてもそのように考えることはありません。「せい」の話と同じで、よい意味で、「あの人とのアドバイスのおかげです」というような場合であっても、そのアドバイスに触れて、考え、実行に移したのは聞いた本人です。感謝の気持ちは必要ですが、アドバイスがあなたをそのようにしたとは言えません。この視点を仕掛け人側は必ず持つべきです。*3

> ＊3：アレント（1995）によれば、いっけん「冷たく抽象的に見える」連帯よりも、他者との感情的距離を保つことのできる「憐れみ」が成功を収めます。不幸がなければ憐れみは存在せず、「だからこそ憐れみは弱者の存在にとりわけ利害関心をも」ちます（アレント1995、132頁）。憐れみは憐れんでいる側が感じるものであり、「感じること自体を喜びとするようにな」ります（同）。学び合いを前提とするハンズオン・ラーニングでは、私とあなた（彼ら・彼女ら）となってしまいがちな構図に慎重な配慮をします。

　以上を踏まえたうえで、あえてハンズオン・ラーニングを定義的に説明してみます。「触れる」をキーワードとした、ハンズオン・ラーニングの三つの側面をみてみましょう。三つの側面とは「触れてみる」「触れ続ける」「触れ合う」です。

《図表2-4》ハンズオンの三つの側面

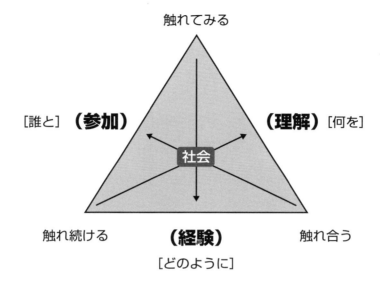

　まず、「触れてみる」はまさしく、「やってみる」というニュアンスです。「飛び込む」という感じもありますが、関わっている事柄にくり返し「触れてみる」ことによる経験をしていくということを含みます。

　次に、「触れ続ける」ことによって、理解が深まるという側面を言います。理解できたか否かではなく、その理解が深まり、「自分なりに把握できた」、「自分なりに把握できたものを描き、その妥当性を巡って人と話してみたい」というところまでいこうということです。単に情報程度に知ったことであったとしても、その背景とともに理解することによって、その情報の意味を語ることができるようになります。意味の問題から逃げないという姿勢を身につけることにもつながります。

　最後に、「触れ合う」です。以上二つが「何を」「どのように」に関わる側面であったとすれば、「触れ合う」は「誰と」「どのように」に関わる側面です。プログラムの中で接する他者は、履修生やフィールド（地域や企業）の人びとです。当事者意識を育むといった構図がありますが、当事者意識は当事者同士の活動の中からしか生まれてきません。教室で出会う他

者、フィールドで出会う他者のような「私とあなた」ではなく、「私たち」という形ですでに出会っているからこそ、当事者として考えてもいいのではないかという感覚が生まれます。

　学びは学び合いの中でしか起こらない出来事です。もちろん、「何々を学ぶ」という形で学ぶことはあります。しかし、多くの場合、Xを学んだか否かはXを思い出せたか、Xができたかというところに集約され、学びとは何かを自ら問いながら学ぶということはありません。人間というものはこのようにして学ぶのだという教科書的な説明もありますが、自分はどのようにして学んでいるのか、考えているのかを自ら説明できないにしても、描くことは必要なのではないでしょうか。

8

なぜ、「しるべ」なのか

　これまでみてきた通り、ハンズオン・ラーニングは学び合いの中で起こる出来事です。いま、「私」を含む「私たち」は、ここで何をしているのかに触れるという形で起こる学びです。起こすのではなく、起こることなので、私たちはそれを計画したり、予定したりすることはできません。

　起こっていること ── 出来事 ── を描くという形で事後的に確認しながら進んでいきます。考えるを鍛えるという場合にも、鍛えられているかという事後的な確認をしながら鍛えるという形になります。

　勝手に想定した枠組みや鋳型の中に押し込めて、ところてんのように成長した自分を排出するということは、自分に対してはできないはずです。

　理屈上はタイムラグがあるのかも知れませんが、実際には、「歩きなが

ら歩いている」わけですし、それほど難しいことではありません。「このように歩く」と決めてから歩くという方がよほど難しいのではないでしょうか。

　この本を「しるべ」と名付けました。道しるべで言うところの「しるべ」です。普通に言えば、進むべき道を指し示すのが道しるべです。ハンズオン・ラーニングでは、実際の道もありませんし、「何々道」のような流儀もありません。道をつくりながら進むというニュアンスです。その場合にも、どこに道をつくるかの「しるべ」はあるはずです。ない場合には、暫定的にでも、決めなければなりません。

　ガイドというニュアンスもあります。しかし、このガイドはマニュアルのようなものではなく、「私たちはいま、このようなことをしています」という出来事を描いたに過ぎません。ガイドに沿ってというよりも、それぞれの現場において、ガイドをつくっていきましょうという「しるべ」になればと思っています。

9

社会をなして生きつつある存在

　授業を進めていく際に、ここで述べているような基本的な考えをなるべく学生には伝え、共有するようにしています。私の場合、教員としての私は、学び合いでもある授業において、何をしようとしているのかを披瀝しなければならないからです。

　まず、私たちとは誰か。仮に、教員と学生であるとするのであれば、教員が学生に対して、学生が教員に対して何をし、何を望むのかという構図

になります。社会はそのようになっていません。契約論的に説明することもできますが、日常生活の中で、お金のやり取りやサービスのやり取りだけに人間関係を切り詰めようとがんばっている人ばかりではないはずです。現状がそうであるかではなく、私たちは、どのような社会をなそうとして、社会をなして生きつつあるのか、という課題があるということです。

　社会そのものが社会の体をなしていなければ、社会に貢献しようとしても、社会の中で生き抜いていこうとしても、そうした努力は無に帰すでしょう。

　その意味で、私たちは「社会をなして生きつつある存在」[*4]です。私たちは私たちという社会をなしつつ、生きつつある存在です。これは小難しい定義ではありません。わがままが許されなかったり、自分らしく生きることを認めてくれたりするのは社会であり、その社会の一員である自分です。

　学生から、社会を変えたい、社会に出るためにがんばりたい、といった話を聞くことがあります。よいことだと思います。ただ、その場合、社会と学生の関係はどうなっているのでしょうか。社会を素材のように扱ったり、いま、ここでは、社会の一員でないかのように振る舞ったりしていないか、と。私たち自身もそうです。学生を成長させたい、最近の学生は勉強しないなどと言うときに、私たちはどこにいるのでしょうか。

＊4：内田義彦の用いた表現です。詳しくは、木本（2018）を参照してください。

10

よい社会[*5]

> [*5]：ベラーほかが用いた言葉を借用しています（ベラーほか2000）。ベラーほかは、よい社会とは「注意が散心に優先するような社会のことである」（同、287頁）とし、注意するとは「長い目で見た大きな意味に関与することである」（同）と述べています。ただし、本書では、こうした定義や用法に従うのではなく、社会を語るとき「よい社会」の理解や展望を示すべきであるというニュアンスで使っています。

　よく言われるように、「生きること」と「よく生きること」とは違います。もちろん、死んだらおしまいという意味で生きなければなりませんが、私たちは人間として、よく生きようとすることもできます。お金がなければ生きていけない、生活が安定しなければ生きていけないという不安を糧に生きている人もいます。しかし、生きることが精一杯である人も、よく生きようとする意思がない限り、生きていくことはできません。生きることに対する不安だけを賭け金として、生きていくことは難しいのではないでしょうか。

　生き方と同じく、社会をなして生きていく、というときに単に社会を維持していくだけでは、必要性に追い立てられることになります。よい社会でありたいと目指しつつ、社会をなして生きつつある存在こそが、よい社会とは何かを考え合い、学び合うことができ、結果として、よい社会ができていきます。社会はつくったり、変えたりするのではなく、その構成員が構成員であり続けることによって可能になります。その意味で、よい社会は学びのある社会でなければなりません。分断や格差が問題になっていますが、分断ではなく連帯や協力を、格差の是正をと言う前に、私たちは

社会をなしつつ、何をしているのかを考えなくてはなりません。現状の否定でも肯定でもありません。現状に対する理解が必要です。

11

学びのある社会

　学びのある社会でなければ、よい社会とは何かを考えることはできません。理念だけではなく、教育プログラムとして構想する際にもこの考え方は大事です。例えば、よい授業とは何か、よい大学とは何か、よい企業とは何かといったことを考える前提として、学びのある授業、学びのある大学、学びのある企業でなければなりません。「学習する組織」（センゲ2011）が流行ったことがあります。おもしろい議論です。学ぶ組織と言い換えてもよいでしょう（原題はThe Learning Organization）。ただ、学びのない組織、学び合いのない組織が、擬人的に学ぶ組織になることは難しいのではないでしょうか。

　学びとは学び合いのなかで起こる出来事です。何かを学ぶためには、学び合いの中に身を置く経験が必要です。ハンズオン・ラーニングで触れてみたいのは、こうした経験です。学び合いの機会を設け、学び合いの中から生まれてくる学びを注視し、その状況の中で個々人が「考えるを鍛える」トレーニングに関わります。

　ハンズオン・ラーニングはラーニング＝学びですので、その主役は学んでいる学生をはじめとする個人です。しかし、ハンズオン・ラーニングをプログラムとして開発し、教育プログラムの中に組み込むことによって関わることができるのは、学び合いの状況と個々人のトレーニングの部分です。

12

学び合いのプログラム

　学び合いが前提になりますので、広く言えば社会が学びのある社会である限り、学び合いに関わるものすべてにとって学びがあるかという点に注意しなければいけませんし、注意し合わないといけません。そうしなければ、学び合いになりません。ハンズオン・ラーニング・プログラムとは、学び合いの中で成立している、言わば関係概念としての「学び」の中で、学びにおいて「考えるを鍛える」プログラムです。

　「学び」が学び合いの中で起こる出来事であるなら、「考える」は個人の中で起こる出来事です。考え方や深く考えるという形で表現される「考える」ではありません。自分の中で生じている「考える」という出来事に触れ、できうるならばそれを鍛えてやろうというプログラムです。

　なかなか回りくどい言い方になりますが、少しわかりやすくするために勉強との違いを考えてみましょう。何かを勉強するという場合の勉強ではありません。内田義彦は、漢語の議論を引きながら、「勉強とは少し無理をして楽しむべくを楽しむ」と述べています（内田1985、120頁）。「少し無理をして」の部分だけが肥大化し、「楽しむべくを楽しむ」になっていませんね、と。言い得て妙だと思います。

　その考え方を援用して、ここでは、勉強は個人でするもの、学びは学び合いの中で起こるもの、と区別してみたいと思います。つまり、学びとは学び合いの中で「私はこんなことを楽しむことができるのか」という発見があるということです。勉強だけでは経験することができないものが、学びの中で見えてくる。人との出会いや学び合いそのものが楽しくなってくる中に、自分の「成長」を感じ、そこで取り組むトレーニングに手応えを感じること

ができます。

13

高等教育のオペレーティングシステム（OS）としてのハンズオン・ラーニング・プログラム

　「考えるを鍛える」教育プログラムとして、ハンズオン・ラーニング・プログラム（HoLP）は、高等教育のオペレーティングシステム（OS）になり得る可能性をもっています。その意味では、非常に汎用性の高いプログラムです。カリキュラムを構想するレベル、モジュール的なプログラムを構築する場合、個々の授業をつくったり、既存のプログラムや授業に加味したりする場合などでも活用できます。

　OSと称していますから、そのOSのもとで作動しているアプリケーションを通してOSをイメージすることも可能でしょう。ただし、その場合のOSは無色透明なものであるべきで、OSが意識されるようではまともなプログラムとはいえないのではないでしょうか。例えば、美味しい珈琲を入れたいときに水にこだわるという感覚に近いかも知れません。また、お盆に喩えることもできます。定食が定食であるために不可欠なものという感じです。個々の料理が主張しすぎるのではなく、それらが定食として成立するということを可能にしているのがお盆です。味には関係しないかも知れませんが、定食として美味しいという「味わい」があるはずです。

14

テクストとコンテクスト

　ここではハンズオン・ラーニングをプログラムとして構想する際に重要な「テクスト[*6]」と「コンテクスト」の話をしておきます。言葉を用いたコミュニケーションにおいて、発信者によって表現されたテクスト（メッセージ）を受信者がどのように受け取るか、という場面で参照されるのがコードとコンテクストです。コードとは暗号表のようなものでその表によってテクストは解読できます。一方、コンテクストは「「コード」を超えようとする「使用者」と、「使用者」を拘束しようとする「コード」――この互いに対立する両者の間の緊張した関係が破綻に至らぬようとりもっている」（池上1984、47頁）とされています。教育と学びとはまさしくこうした緊張関係にあり、また、学び合いも、その柔和な言葉とは裏腹に緊張関係をはらんでいます。その際、コードに寄るか（寄っているか）、コンテクストに寄るか（寄っているか）を巡って検討を続けていくことになります。

　また、そのことはコード依存がコミュニケーションとしては「理想的」であったとしても、受信者たる人間が主体的に受け取る際に意味を考えるという場合には、コンテクスト依存に寄るという形で意味の問題が生ぜざるを得ません。この「閉じた」コミュニケーションをこじ開けるものこそ、人間による介入です。学び合いに関わる人びとが、いま、何をしているのかについて意味の問題を考えようとするなら、必ず、コンテクストへの意識が必要になってきます。

　しかし、残念ながら、コンテクストはそのものとしては理解されるものではなく、テクストを理解したり解釈したりする際に、しかもその意味を考えようとする際に、私たちの前に現れるに過ぎません。OSという例え

をしましたが、それが単なるコードであるのであれば、そこで稼働するプログラムやそれを使用する人間にとって意味はありませんし、プログラムや人間に意味がないのかも知れません。しかし、同時に、OSに触れるということは非常に際どくかつ危険なことですが、OSに触れることによって教育や学びを毀損しないように注意を向けることには意味があります。

> ＊6：ここで言うテクストは話し言葉や書き言葉だけではなく、受信者によってテクストとして受け取られるもの全てを含む意味でテクストと表記しています。本書では、書籍などについてはテキストと表記しています。

15

仕掛け人としての教員

　これまで述べてきたとおり、ハンズオン・ラーニングを教えることはできません。ましてや、ハンズオン・ラーニングにあらかじめこのようなやり方があるということもありません。私自身にそれができるという自信も技能もありません。教員としての私は、学びに直接アプローチするのではなく、学び合いに参加し、学び合いの状況を見極め、その学び合いがよい学び合いになっているか否かを見極め、その見極めが妥当かについて議論するだけです。もちろん、何がよいのかについての議論に対してもオープンである必要があります。

　このプログラムでは、学び合いの中でそれぞれの役割が決まっていきま

す。決まった役割があるというよりも、役割が決まっていくという感じです。ただ、プログラムは無色透明なOSであっても、仕掛け人がいなければなりません。それは立場や立ち位置によって異なります。

　ハンズオン・ラーニング・プログラムの教員やコーディネーターは、このような立ち位置だからこそ、教員やコーディネーターをやるわけで、プログラムの外から何らかのスキルや専門性を持ち込むことによって教員やコーディネーターになるわけではありません。

　いま、ここで何をしているのかに向き合い、その中で「適切な」インストラクションを行うこと、これこそが仕掛け人に必要とされることです。その適切性を巡って学び合うことができます。

　専門家や研究者、コーディネーターは、そうなるまでに何らかの学び合いのなかで学んできたはずです。学び合いの成果 ── スキルや専門性 ── ではなく、学び合いの経験をこそ、活かすべきです。学び方を知っているという知識でもありません。いま、ここで、何をしているかが問われるからです。

　学びのある社会でその一員であり、学び合いに参加しているということは至って普通だと思います。その中で学び、勉強し、工夫する。社会をなして生きつつあれば、誰しもがしているはずです。その意味ではハンズオン・ラーニングはラーニングであり、そのラーニングはアクティブであると言えるでしょう。

[参考文献]
ハンナ・アレント（1995）『革命について』（志水速雄訳）ちくま学芸文庫
池上嘉彦（1984）『記号論への招待』岩波新書
伊藤亜紗（2020）『手の倫理』講談社
内田義彦（1985）『読書と社会科学』岩波新書
木本浩一（2018）「ハンズオンであること」『関西学院大学高等教育研究』8
坂部恵（1983）『「ふれる」ことの哲学』岩波書店
佐藤郁哉（2024）『リサーチ・クエスチョンとは何か?』ちくま新書
ピーター・センゲ（2011）『学習する組織』（枝廣淳子 他 訳）英治出版
中央教育審議会（2012）「新たな未来を築くための大学教育の質的転換に向けて～生涯学び続け、主体的に考える力を育成する大学へ～（答申）」
ロバート・ベラーほか（2000）『善い社会』（中村圭志 訳）みすず書房

第3章

アプローチ
── 方法論的な留意点

早速、授業をやりましょうと言いたいところですが、授業の前に、入念な準備が必要です。ハンズオン・ラーニングの授業は、学び合いの中で「考えるを鍛える」トレーニングです。授業そのものはそこにいる人にとってかなり緊張感のあるものになります。学生には覚悟を求めます。仕掛ける側も覚悟をもって準備をしなければなりません。

　何かの知識やスキルを正確に伝える授業であれば、その準備は教える（伝える）内容です。私もそのような授業の場合、資料やスライドを準備し、それらをどうやってわかりやすく伝えたり、説明したりしようかと工夫します。

　しかし、トレーニングの場合、トレーニングの仕方をいくら伝えたとしてもトレーニングにはなりませんし、仮にそのような仕方があるとしても、その仕方は伝えたり、させたりするのではなく、伝わっていくものでなければなりません。

　ここではいったん、知識伝達型の授業とトレーニング型の授業を方法論的に区分し、ハンズオン・ラーニングが意識しようとしている後者の仕方を紹介してみましょう。もちろん、方法論的に区分するだけですので、両者が排他的であったり、対立的であったりする必要はなく、仕掛ける側が意識でき、できれば両者を状況に応じて使い分けることができればよいと思います。

　ハンズオン・ラーニングの場合、授業の大半は準備にあるといっても過言ではないでしょう。これは準備してないと本番が大変だという意味ではありません。準備したものを本番で実施するという形では、トレーニングが成立しません。授業はトレーニングの場ですので、あらかじめ準備したものがうまく実施できるかといった視点は、邪魔になることがあります。

　仕掛け人側はそれでもいいのかも知れませんが、学生はドミノ倒しのドミノではありません。仕掛け人側が一つ目のドミノを倒すとしても、そのあとにどのようにドミノが並んでいるか、仕掛け人側の思い通りに倒れるかということはわかりません。そのような意味で、「仕掛け」という言葉を多用しています。

　例えば、トレーニングの話をする際に、コーチングやトレーナーのたとえを使うことがあります。近頃では、スポーツをやっている学生だけでな

く、料理や楽器、ダンスなどさまざまな活動を教えてくれる動画があります。その意味では、現在では、どこかにやり方があり、それをわかりやすく教えてくれる、という思いを抱くことは普通になっています。

　しかし、「わかりやすさ」は危険ですし、「考える仕方」をわかりやすく教えることはできません。知識伝達型においてわかりやすさが求められることはありますが、トレーニング型の場合、わかりやすくし過ぎることはトレーニングの腰を折ってしまいます。

　考えなくていい、考えていては何もできない、と言い切れるのであれば、ここでの話はありません。たとえ、仕掛ける側にそのような考えがあったとしても、学生が考えたくないとは言い切れません。しっかりと準備して、仕掛けなければなりません。

　仕掛ける準備は大変です。仕掛ける側の安心や安全のために準備をするわけではありません。授業で何が起こるのかに対して準備をします。いったん授業が始まれば適切なインストラクションが勝負になります。必要になりますと言いたいところですが、インストラクションには正解はありませんし、リアクション大会でもありません。授業が始まってしまうとできることは限られてきます。

　準備が大切です。授業でどのようなことに出会い、何をすることになるのか、その際に留意すべきことは何かといったことに関わる準備が必要です。可能な限り、その準備の妥当性を巡ってスタッフを含めて検討が必要です。

　いくら準備をしても所詮準備ですし、その見込みは先入観に彩られています。しっかりと準備をし、授業の中で、状況に応じてその都度先入観を更新していきます。想定ではありません。想定と言ってしまうと、想定通りにいった、いかないという話に落ち着いてしまいます。世の中は成功と失敗の二色ではありません。

　いったん授業が始まれば、仕掛け側の全員は観察者になります。実際に仕掛ける人 ── 例えば主担の教員 ── は、状況に応じてインストラクションを行います。あくまでも状況に応じて、学生に即してインストラクションを行うのであって、あらかじめ決めていたことを遂行するわけではあり

ません。アドリブのように思えるかも知れませんが、入念な準備に基づいた、少なくとも仕掛ける側のスタッフ全員にとって納得可能なインストラクションでなければなりません。準備とインストラクションとは緊張関係にあります。アドリブと言ってしまうと、教員個人の資質や能力のようなものに還元されてしまい、学び合いの中での蓄積になりません。

　学び合いの中で培われていく状況への反響板のようなものが、仕掛ける側の方法的なストックになっていきます。経験値と言ってもよいかも知れません。単なる場数の問題ではありません。この経験は、経験の仕方の錬成という形で蓄積していく経験です。教員やスタッフ、関係者、個々人の中で錬成されるスキルであるとともに、関係者間に蓄積していく方法になり、授業やクラスで共有される公共財になります。

　方法論的な留意点とはこのような意味で使っています。授業では、一般的なルールやコンプライアンスのようなものを持ち込むか否か、持ち込み方についてもスタッフ間で慎重な検討が必要です。また、たとえ専門家であっても、自らのスキルや知識を外から何の検討もなしに、持ち込むことは厳に慎むべきです。方法的に持ち込むことと、その妥当性の検討については常にオープンでなければなりません。

　私たちのストックの中から、様々な準備と具体的な留意点について紹介していきましょう。

1

入れ子状の仕組み

　ハンズオン・ラーニングは入れ子状になっています。教育と学びや学び

合いにおける学びといった抽象的なレベルから、カリキュラムなど制度的な枠組み、具体的な授業でのインストラクションに至るまで、同じ仕組みになっています。ハンズオン・ラーニングを教育プログラムで準備していくときには、この入れ子状の構成と関係に留意しなければなりません。

　入れ子という例えではわかりにくいので、教育プログラム、科目、授業という区分けで考えてみましょう。

《図表3-1》入れ子状の構成

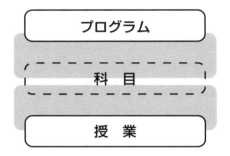

2

授業を位置づけ、関連づける

2-1 位置づける ── プログラム

　ハンズオン・ラーニング・プログラムは、その汎用性ゆえに、大学全体の共通教育プログラムから、学部の基盤教育プログラム、大学間連携の共通プログラム、カリキュラム内のモジュールなど、カリキュラム上、どこ

にでも組み込むことができます。そのため、プログラムがカリキュラム全体の中でどこに位置づけられるのかを確認しておくことは重要です。

カリキュラム全体の構想を考えられる段階から関わることが可能であれば、その作業がカリキュラム全体の構成を考える上でのヒントにもなります。これは大学や高校内に限ったことではなく、学び合いに関わることになる地域や企業などとも同じ「カリキュラム」の中でプログラムを開発していくという考え方が必要になります。

この位置づけは、具体的な科目をつくったり、授業を実施したりしていく中で、学生を含む関係者に対して、このプログラムにどのような意味があるのかを説明する際、仕掛け側のヒントにもなります。例えば、専門を学ぶため、資格を取得するため、漫然としながら、進学したという学生に対して、個々の授業の履修ではなく、プログラムを通して学んでいく意義を語ることができます。

このような対応は、単なるカウンセリングや個別の質問への応答ではなく、教員サイドにおいて誰に対して、どのようなプログラムを準備していくかの思考実験になります。

プログラムの基本的な考え方に基づいて、具体的な科目をつくっていきます。教員数や学外の協力者の状況によって、実際に実施できる授業は限られます。それらをいったん科目レベルで仮想的に構想し、具体的な授業を開講します。

技術的・手続き的なことを含みますが、プログラムレベルで構想し、その構想に従って科目という枠組みを設け、具体的な授業をつくり、各クラスで授業を実践するというイメージです。

2-2 関連づける ― 科目

ハンズオン・ラーニング・プログラムは基本的にプログラムと授業によって構成されます。

実際に大学や学部という組織や大学間連携、高大連携プログラムといっ

た組織間のプログラムとして実施する場合には、科目や科目群という形で組み込みやすいと考えています。ただし、ハンズオン・ラーニングという考え方からすれば、科目という次元はあくまでもその構想を既存の制度などにはめ込むため便宜的な工夫に留まります。

　積極的な面を言えば、科目というレベルを設けるのは、授業でのインストラクションが必要以上に説明的にならないよう気をつけるためです。例えば、授業の中で何か指示をする場合、それはハンズオン・ラーニングというプログラムレベルでの考え方であるという風に、授業の説明に穴を空けておくということです。

　科目という可動的な次元や枠組みを設けることによって、授業とプログラムとの間に固定された関係、つまりプログラムに基づいて授業が実施されているという従属関係に配慮できます。このことによって、理論と応用、理論と実践といった、いわば従属性を含む二項対立的な関係を回避し、プログラム、授業、両睨みの運用が可能になります。

　プログラムに関わる人や地域、団体が多くなる場合、科目レベルでの作業に配慮することによって、プログラムを学び合いのプログラムにすることができます。

2-3　科目として授業をつくる

❶ クローズとオープン

　実際に授業をつくっていくのは科目レベルです。科目レベルでクローズとオープンを意識しながら授業をつくっていきます。実際にできあがるのは授業であり、その、授業をつくるという作業を科目レベルでおこなうことになります。

　作業を行う際、プログラム側から科目をつくっていく際に枠組みと呼んでいたものを、授業との関連ではクローズとオープンとして意識していきます。

　具体的な授業をつくっていくという作業の流れのなかでは必要のないことかも知れませんが、「理念としてのプログラム」を「理念」として維持し、

その抽象度を保ちながら更新していくためには重要な配慮になります。プログラムの汎用性は構想の単純さと、所与の条件の中に具体的に組み込んでいく思考実験のスペースと設けていることに依拠しているとも言えます。

構想を実現するという作業はプログラムと科目の関係の中で進め、所与のカリキュラムの中で授業をつくっていくという作業は科目と授業の関係の中で進めていくことになります。いずれも、単に作業結果を授業に持ち込んだり、プログラムに反映させたりすることによる固定化や矮小化を防ごうという工夫です。

さて、クローズとオープンとは、個々の授業を作り込んでいく際、具体的な内容や方法を決めていく（クローズ）一方で、なぜそのテキストなのか、なぜそのやり方なのかといった議論を留意し、スタッフ間で共有します（オープン）。

クローズ案件は指示レベルでも実行可能ですが、オープン案件は、留意事項の検討に参加するという学び合いになります。決めはしますが、決めきらないことによって運用上の柔軟性を持たせるということです。

❷ 時間軸

科目をつくる際には、以上に加えて、時間軸を意識して拡げることもできます。例えば、同じ科目でⅠ・Ⅱと積み上げたり、エントリー制を採ったりといったものです。

Ⅰ・Ⅱとは、Ⅰで単位を修得したらⅡも履修できるという仕組みです。往年の通年科目や、先修条件のようですが、実際には、Ⅱの履修もできるという形で穴を空けておくというイメージです。[*1] フィールドワーク系の科目では、Ⅰの履修生とⅡの履修生というグループができますし、しかもⅡの履修時期を自由にすることによって、Ⅱの履修生内のグループが固定化することもありません。

＊1：セメスター制では通年、つまり2つのセメスターを連続して履修する科目を置くことはできません。また、先修条件とは、当該科目を履修するためには、特定の科目もしくは一定の単位数を修得しなければ

ならないといったルールのことです。

　エントリー制とは、履修前に、その科目にエントリーし、授業を見学したり、実際に参加してみたりしながら、履修するか否かを決めるというものです。フィールドワーク系の科目やインターンシップなどでは、授業ではカバー仕切れない部分を学生も、教員も確認できます。
　例えば、インターンシップ系の科目（ハンズオン・インターンシップなど）では、最終的には受け入れ先とのマッチングが必要になります。マッチングがない限りインターンとしての活動ができません。マッチングに至る過程をエントリーとすることによって、マッチングを強制したり、マッチング後の履修取り消しを認めなかったりといった窮屈な運営をしなくても済みます。学外の方と共に運営していくプログラムの場合、このような仕組みをつくっておくことによって、科目レベルでの手続きや形式論につまずくことを回避できます。
　ハンズオン・ラーニング・プログラムでは、しばしば、「履修を決めたら覚悟しよう」とは言います。しかし、学生の覚悟が諦めに終わってはいけません。トレーニングに向けた覚悟にするためにも、生産ラインの工程管理のような運営は最小限にすべきです。

❸ 授業の相対化

　以上のように、オープンにしたり、拡げたりすることを授業の相対化と呼べば、この相対化によって、さまざまなことが可能になります。
　大綱化以降、カリキュラムのまとまりは、旧来の学問領域の体系性や、資格などに体系化された科目群、語学やスキル系の科目のように難易度やレベルによって段階化された科目群、教員組織よって属人的にまとまってしまっている科目群などが乱立しています。
　そうした現状を変えようとする試みも必要かも知れませんが、本書のはじめにも述べた通り、そうした試みは時間のかかることですし、試みその

ものに成果が求められる場合には外形的なものに留まります。

　ハンズオン・ラーニング・プログラムでは、授業を相対化することによって、既存のカリキュラムとは異なる組み込みや運用を可能にしようとしています。

　私が関西学院大学で試みてきたことは、全学の共通科目群としてハンズオン・ラーニング・プログラムを構築することです。大学に入学したのだから大学で学ぼうと言いたいところですが、実際には、学部や資格系の科目などに比べて見えにくい、接する機会が少ないというのは事実です。しかし、ここではその問題は置いておきます。

　実際、関西学院大学のハンズオン・ラーニング・プログラムは、履修人数に反映されないとしても、徐々に多くの学生が関わってくれるようになりました。その際、キーになったのが、授業を相対化することです。学生向けにこのような言い方をしたことはありませんが、プログラムの構想段階から意識してきたことです。

　キャンパス内の科目ではそれほど意識する必要もないかも知れませんが、プログラムは常にキャンパス外に開かれています。開かれた環境で、授業を超えた活動にまで至る「学び」をするためには、この相対化は重要です。

　例えば、エントリー制によって、単に授業の準備だけではなく、プログラムの母集団をつくることができます。プログラムにエントリーすることによって、授業の履修計画をつくることもできます[*2]し、授業には馴染まないさまざまな活動に参加することができます。囲い込みとは非常に緩やかなもので、このエントリー集団そのものを自律させるという考えもあります。

＊2：このプログラムをひとまとまりのプログラムとして提供することができれば、学部教育を基本としながらも、副専攻制とは異なる、メジャー制度に似た制度をつくることができます。実際、関西学院大学では、認証制度を設けてみました。

　実際、関西学院大学では、ホルプラ（HoL+）という学生団体をつくり（が

でき)、授業やその他の活動でお世話になっている地域や企業、団体とさまざまな活動をしています。サークルやアルバイトとは異なるチャンネルを提供し、それを学生の自主運営に委ねるという試みも可能になります。

　授業運営に限定して言えば、擬似的にゼミのような集団をつくりだすという効果もあります。仕掛け側の都合ではありますが、全学の共通科目を、学部とは異なる「大学の」教育プログラムとして提供する場合には必要な工夫です。学部や（高校で言う）クラスといった枠組みがないところで、枠組みをつくりながら枠組みに加わるという経験は貴重です。

　時間軸的な相対化の意義は、学生が授業を受けるのではなく、授業を活用しながら何を学ぶのか、という学びのオーダーができるようになるということです。

　授業を受けさせておいて、授業の中だけで主体的・能動的であれというのはあまりに窮屈です。単位の実質化の議論の中で、授業時間外の学びの話が出ていますが、時間軸的な相対化の視点がなければ、シラバス上の課題が増えるだけで過重な負担のみを学生に押し付けることになります。

　以上のことは、高校から大学までの学びの期間に延長して考えることもできます。つまり、高校の3年、大学の4年を合わせた7年間でどのような学びをするのかという構想です。その構想があってはじめて、制度上分離している高校と大学を連携させることが可能になります。制度論にもまして、教育プログラム上で議論を進めるべきではないでしょうか。

3

知的基礎体力

　ハンズオン・ラーニングは、「考えるを鍛える」トレーニングです。学び合いの中で起こる出来事が学びですが、学び合いの中に入り、学び合いに関わり続ける知的な体力が必要になります。

　考えるを鍛えることによって培われる力、学び合いへの関わり合いの中で発揮される力、こうした力を、このプログラムでは、「知的基礎体力」と呼びます。

　「鍛える」に合わせて「体力」という表現を用いていますが、いずれも継続がキーワードになります。継続するというよりも、継続を支えるもの、継続に意味を見いだすことができる基盤のような力です。

　知的基礎体力は、培われ発揮されなければなりません。培われた力を計測して、培われる前と後との「差」で一喜一憂するということとは異なります。授業を通じて発揮できるか否かという見極めを学生自身が行い、何らかの手応えを得ることによって感じられる力です。「何々力」を計測しようという考え方とは異なります。

　知的基礎体力は学び合いの中で発揮される力です。発揮できているか否かの手応えは、自分を含む私たちの中で表現することでしか確認できません。自分からみれば、表現しがたいけれども、自分なりに考え、実感し手応えを得ている感覚を描いてみるというトレーニングが必要です。

　トレーニングは何かの達成を約束しません。トレーニングで力がつくというよりも、トレーニングを続ける体力を実感しながらトレーニングを続けます。健康になるという目標をかかげてしまうと、いまの自分を虚弱であると認定せざるを得ないようなものです。

何を表現するのかは、自分で確定しなければなりません。何を探究し、それをどのように理解しているのかをどのように表現するか、を決めなければなりません。この確定したプロセスの最初に位置するのが、いま、ここで、私は何をしているのかという問いです。

4

理解と探究

　私が何をしているのかという問いは、非常に単純ですし、誰にでも問うことができます。ハンズオン・ラーニング・プログラムの中では、私たちは学び合いの中で何をしようとしているのかと問いつつ、学び合いを続けることになります。この問いは、授業の起点であり、基点です。
　学生も、教員も、ここで何をしているのかという問いから始めて、様々な取り組みを行っていきますし、常にその問いを参照しながらそうした取り組みを位置づけ、意味づけていきます。
　プログラムの中でこの問いに関わるのが理解と探究です。理解はプログラム全般において、探究はフィールドワーク系の授業の中で意識することの多い考え方です。

4-1　理解

　理解とは、「学び合いに関わっている私は、いま、何をしているのか」という出来事に触れることによって示される自らの理解です。
　学生から「よくわからない」というコメントが出された場合に、それを

やる気や興味・関心、学力といった、「ここ」に関係のない臆見で判断することはできません。教員は「ここ」を離れてはいけません。もちろん、やる気もなく、興味や関心を抱かず、学力も「低い」学生もいるのかも知れません。しかし、仕掛ける側、判断する側に、それらの言葉は何を表しているのかという問いに答える準備はできているでしょうか。

　例えば、嫌々履修している学生が「いる」としましょう。大学進学を含め自らの意思ではない、この授業も空きコマだったので履修した、などです。基本は「そうですか」と流せばいいと思っています。しかし、教員側の問題としてみれば、教員は、面倒くさいと言っても朝起きてここまで来たのは自分じゃないか、不本意入学という場合、本意とは何か、といった問いかけをしなければなりません。後者は在学そのものを賭けることになります。この問いかけに勇気がいるという人もいるでしょう。しかし、教員自身も、なぜ、いま、ここで教員をしているのか、教員をしながら、何をしているのか、という問いに答えるという形で、問いかけられているはずです。

　理解として表示するのは、何をどのようにみているのかという自らの理解です。「なぜ、それを取り上げたのか」、「それとは何か」、「なぜ、そのようにみるのか」、といった一つのセットとしての理解です。その理解をどのように描くのか、その描かれた理解は伝わるのか、という一連のプロセスを経ることになります。

　また、どのように理解するのか、どのように自らの像としてイメージし、描かれるものとしてまとめるのか、そのまとまったものを言葉を使いながらどのように表現してくのか、その表現されたものの妥当性をどのように主張していくのか、といった一連のチャレンジは、構想と実践の繰り返しになります。自分に即して理解したものが私たちに即して妥当か否かを判断する、という感じです。

　私の「わかり」を私たちの「わかり」として伝え切ることができるのかというチャレンジになります。しかも、その伝え切りはその都度の暫定的なものに留まり、自分の中に残るのは成果ではなく、そのチャレンジをし

第3章　アプローチ

たという経験と知的基礎体力になります。

　ここで言う理解は、一般的に用いられる認識論とは異なります。認識論の話をする準備はありませんが、いつも不思議に思うのは、本来、デカルトをはじめとした長い歴史の中で培われてきた認識論をフォローするだけでも大変なのに、なぜ、多くの学生や教員が、主体と客体との二分論を前提とした認識論的な考え方をするのか、ということです。認識する自分（主体）がいて、認識される対象（客体）がある、という図式です。

　対象や方法が「ある」とする実体論を前提にする限り、対象についての正確な認識、それを可能にする正確な方法を探そうということになってしまいます。それを探そう、正しい答えを探そうというとなってしまいます。

《図表3-2》出来事と理解

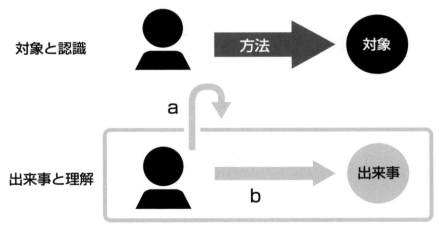

　いまここで、自分にとって起こっていることは出来事です。自分に起こっていることなので、例えば、直接関わってないことであったとしても、ある出来事を出来事とみなしている行為（図中b）は、自分にとっての出来事であると理解することは可能です（図中a）。それを意識的に出来事とみなすか否かは場合によります。

　「自分ごと」にしよう、というメッセージを目にすることがあります。

他人ごとを自分ごとにしようとするメッセージそのものに異論はありませんが、それが対象と認識という図式で語られている限り、不可能です。他人のことや直接経験したことでない出来事であっても理解することは可能ですし、考えることも可能です。理解したり、考えたりするのは自分なのです。

4-2 探究

　以上をフィールドワーク系の授業で議論する場合には、探究という概念や言葉に注意する必要があります。ここで言う注意とは、概念上の議論ではありません。学生が探究ということばで何をイメージしているのかということを確認します。「確認」と言うと大げさですが、仕掛ける側が確認できているかという注意を、自らに向けるということです。

　イメージの多くは、課題を発見し、その課題の解決を目指す、というものです。特に、高校で探究学習が導入されてからは、探究に興味をもつ学生は増えましたが、探究とは何かというところで考えられる学生ではなく、探究のやり方知っていますといった学生が多くなりました。

　否定するわけではありませんが、その前に考えるべき多くのことがあります。仕掛ける側が、この点で手を抜いてしまうとプログラムは崩壊してしまいます。

　フィールドワーク系の授業は、最終的に、多拠点型の高等教育プログラムにまで仕上げていかなければなりません。大学が大学の都合でつくった授業（の実施）を、依頼や連携、受託の形で、そのままフィールドに持ち込むのではなく、ハンズオン・ラーニング・プログラムという学び合いの環の中に、受け入れ先の企業や団体、地域にも入ってもらい、全員で探究を行うという形です。

《図表3-3》多拠点型高等教育プログラムの構想

　単に、プログラムを実施するという形で授業をもちこんでしまうと、フィールドワークにおいてやりがちな略奪型になってしまいます。研究者がフィールドに入る場合でもそうしたことには細心の注意を払うわけですが、このような全学共通のプログラムでは、プログラムに直接関わらない意志決定のもとで、組織的に略奪や介入が行われることになります。

　地域は私たちのプログラムのために存在しているわけではありませんし、地域に対しても共に探究しようという厳しい姿勢で臨むことになります。

　また、学びという面でも、学生は達成感や満足、成果といったものに向かいがちになります。PBLなどもそうですが、ラーニング・プログラムと称していながら、学生がフィールドワーク「から」達成感や満足、成果を得ようと仕向けてしまいます。

　「フィールド」で「ワーク」をするからフィールドワークと呼ぶわけです。そのワークとは、ハンズオン・ラーニングの場合、「考えるを鍛える」ワークです。

　もちろん、何らかの解決や具体的な成果をあげるというワークもあります。

　ただ、そうしたワークは、大学としては学部でいう専門性をもって臨めばよいでしょう。専門性を謳うのであれば、個々の学問領域の専門性をもって積極的に解決や成果に関わるべきであるとも言えるでしょう。

　しかしながら、日本の大学の現状をみる限り、個々の研究者の取り組みとは別に、教育プログラムとしてそのような成果や解決を生み出せるよう

な仕組みになっているとは思えません。

　さて、学生のイメージは、問題と課題の関係や探究と探求の違いを話題にすると明らかになります。

　両者の関係や違いについての一般的な考え方を紹介し、ハンズオン・ラーニング的にはこのように考えるがいかがだろうかと問うていきます。両者の違いを知ってほしいのではなく、そうした話題によって、いかに方法的な議論に没入してしまっているかということに気づいてほしいということです。

　問題と課題の関係について、一般には、現状とされる問題状況と理想とのギャップを「課題」と呼びます。その課題を解決していくことによって理想の状態をもたらそう、時間軸を入れるなら理想に向かって、一つずつ課題を克服していこうという図式になっています。

《図表3-4》問題と課題の関係（一般的な説明）

　例えば、ミントのピラミッド原則では、「望ましくない結果」から「望ましい結果」を生み出すために、「どうやって到達できるか」をわかりやすく伝えることを目指します。しかし、これはあくまでもコンサルティングの提案書を書いたりする場合の手法であって、そのままラーニング・プログラムの中に持ち込むことはできません。[*3]

＊3：実際、ミントは、「顧客の「望ましくない結果」とは一般的にコンサルティング会社起用の引き金になる」（ミント1999、183頁）と言っています。

予め存在する（とされる）課題を解決するという思考の中では、その解決の効果やインパクト、メリット、解決方法の効率性くらいしか目に入りません。

　学生に次のような質問をしても回答を持ち合わせていることはまれです。課題とは何か、誰にとっての課題なのか、課題は発見されるものなのか、解決とは何か、その解決は誰にとって意味のあるものなのか、などです。ここにこそ、考えなければならないテーマがあり、トレーニングになる素材があります。

　問題や課題、理想が客観的に存在するという考え方を実体論と呼ぶとするなら、実体論的な思考に「触れる」ところからハンズオン・ラーニングは始まります。

　一般的な課題解決的思考では課題は与えられるのかも知れませんが、ハンズオン・ラーニングは課題を自ら「与える」ところから始まります。課題は問題との関係の中で、問題は社会との関係の中で検討され、テーマとして「与える」ことになります。「与えた」テーマやその関連づけの妥当性を巡って議論し、テーマを深めていきます。テーマについて調べたり、解決したりするわけではありません。

《図表3-5》問題と課題の関係（ハンズオン・ラーニングの場合）

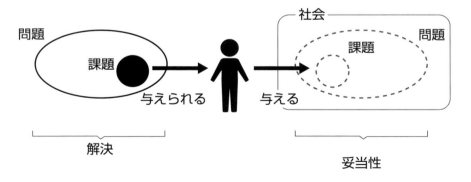

　同時に、その作業は、社会をどのように「理解」しているかに関連づけ

て「問題」を示し、その「問題」に関連づけて「課題」をテーマとして設定することにつながります。社会をコンテクストとして問題（テクスト）を理解し、問題をコンテクストとして課題（テクスト）を理解し、意味づけていくことになります。

「探究」と「探求」の違いについても同様の議論が可能です。「探求」は課題を発見します。課題が課題として予め存在しているわけですから、あとは探せばよいということです。「探究」では課題を設定します。その課題が課題と言えるのか、その課題はなぜ問題と言えるのか、その問題はなぜ社会にとって問題と言えるのかといった具合に考え、対話していきます。

《図表3-6》探究と探求

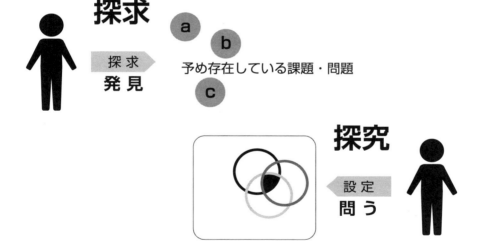

社会に目を向け、具体的なフィールドで気づくことは大切ですし、気づいていけないというわけではありません。ただ、なぜ、こんなことが起こっているのか、ということに対して、まずは、「こんなこととは何か」と問う形で追い込んでいくという仕方を身につけようということです。「なぜ」とは素朴な疑問ですが、その回答を追い求めるということは、結局、原因が「ある」という実体論を前提にしていることになってしまいます。5Ｗ

1Hなどで分類された問いではなく、そもそも「何」か、「何」が起こっているのかを問い、そのイメージを与えるという形です。

5

科目群と授業の構成

5-1　ハンズオン・ラーニング・プログラム

　ハンズオン・ラーニング・プログラムは、現在、関西学院大学では、社会探究系の科目とフィールドワーク系の科目で構成されています。

《図表3-7》ハンズオン・ラーニング・プログラムの構成

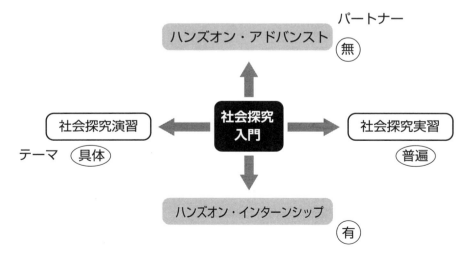

「キャンパスを出て実社会を学ぶ」というキャッチコピーから始まりました。私がプログラムの開発に携わった段階では、いったん、「社会を学ぶ」を「社会を探究する」と読み換えて、社会探究系の科目、「社会探究入門」と「社会探究実習」をつくりました。

　当初、「入門」は実習に出るための準備、「実習」は滞在型のフィールドワークを実施するといった程度の内容でした。

　内容については後述するとして、プログラムの核になる科目は「入門」です。「入門」では、徹底して概念や手法から見直しを行い、細部を詰めていきました。その象徴となったのが「実社会を学ぶ」から「社会に学ぶ」へとキャッチコピーを変更したことです。

　単なる変更ではありません。変更は「大学は社会ではないのか」、「社会とは何か」という問いを欠いたまま、社会の一員である私たちは何を学ぶことができるのか、といった疑問からスタートしました。学びという概念を考えたとき、何を学ぶかは学ぶ主体に託されなければなりません。そうすると、仕掛け側が提示するキャッチコピーは「社会に（私たちは何を）学ぶ」のか、という問いになるはずです。小さなことかも知れませんが、あらゆることをハンズオン・ラーニング的にやっていこうとする、組織的な姿勢の表れであったとも言えます。

　フィールドワーク系科目としては、一週間程度滞在する「実習」とは異なり、学生が頻繁に通うことのできる範囲にフィールドを求め、「社会探究演習」（当初、「社会探究実践演習」）をつくりました。

　「実習」では自由や平和など普遍的なテーマに、「演習」では、コミュニティ・ガバナンス（CG）というさらに具体的なテーマに挑みます。「実習」ではテーマに即してテーマを設定し、「演習」では地域とCGに即してテーマを設定します。

5-2　授業の構成

　授業はユニットを対象に、セッションとして運営していきます。

ユニットとは、授業に参加する学生を個人ではなく、グループやペアといったユニットを対象とするということです。もちろん、リスト上でも、実際にも授業に参加する学生は一人ひとりです。学びは学び合いの中で、個々人において起こるものです。

　しかし、仕掛け側が学びに関わろうとする場合、個人を対象として授業を運営していると、どうしても個人への介入が起こってしまいます。最終的には個人に行き着くこともありますが、常にユニットを意識することによって、直接的な介入をしないような仕組みを、個人の意識だけではなく、授業の仕組みとして設けておくということです。このような仕組みがあることによって、アドバイスやインストラクションの適切さをスタッフ間で議論できますし、目立つ目立たない、見えやすい見えにくいといった学生個人間の凸凹を気にする必要がなくなります。実際、気にしようと思っても、学生の本質といったものはみえません。

　また、授業を運営する際、毎回の授業ではなくセッションとして運営し、セッション間の構成や関係を意識していきます。科目としては、14回の授業として構成されているかも知れませんが、運営上は、複数回で構成されるセッションを意識した編成にします。

　以上のように、ユニットやセッションを設けることによって、学生個人や個々の授業をコンテクスト ── ユニットやセッション ── の中に位置づけることができます。その意味で、ハンズオン・ラーニングの授業はコンテクストの次元で運用していると言えるかも知れません。

6

キャンパス外のプログラム
―― テーマ設定

　ハンズオン・ラーニングは汎用性のあるプログラムであるがゆえに、すでに述べた多拠点型高等教育プログラムといった形で、大学を超えて、キャンパスの外で実施できるプログラムです。

　ただ、何度も指摘していますように、あくまでもラーニング・プログラムとして実施できなければ、大げさな枠組みや仕掛けをつくったとしても、誰も学んでいないという事態になります。

　キャンパス外のプログラムで、重要になるのがテーマ設定です。

　教員はテーマ設定とは何かを理解しなければなりません。テーマとは何かといった抽象的な話ではありません。学生がテーマを設定してフィールドや企業に出向くことになるわけですし、カウンターパートに対してもテーマ設定という形でプログラムに関わってもらうことになります。

6-1 テーマ設定

　テーマ設定には教員が行うテーマ設定と学生が行うテーマ設定があります。

　教員は科目をつくり、授業を実施する際、テーマ設定を行います（授業テーマ）。学生はそのテーマに即してテーマ設定を行うという形で授業に関わります。テーマを持ち寄って、教員と学生とが授業をつくりながら、学び合うという形です。

❶ 三層のテーマ ── 入門の場合

　プログラム全体のコアになる科目が「社会探究入門」です。この科目では、三層から成る授業テーマについて説明します。私たちは、このような教育プログラムのもとで、みなさんと学び合いたいというメッセージになります。

《図表3-8》三層のテーマ

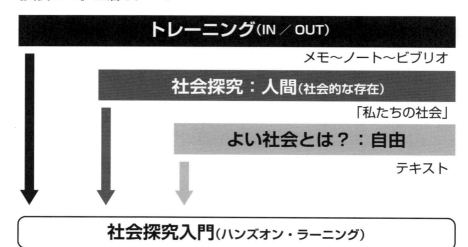

　最上位には、このプログラム全体が ── 考えるを鍛える ── トレーニングであるというテーマがあります。

　第2層は、科目名にもある「社会探究」についてです。「社会をなして生きつつある存在」である私たちが考えるを鍛えるために集っているわけですから、それに相応しい科目名称であるということを説明します。

　社会探究という考え方は、「入門」をはじめ、フィールドワーク系の科目である「実習」や「演習」とも共有しています。

　「入門」に固有のテーマは、第3層のテーマ、自由、平和、環境、責任などです。このテーマは学生の間では普遍的なテーマという呼び方をされることもありますが、教員が個別の授業を運営していく際に自由に決める

ことができるテーマです。教員が勝手に決めるものではありませんが、このテーマが設定できない限り、テキストやセッションの区切り方、グループワークの進め方などが固まりません。

このテーマは、「社会をなしている」私たちがその一員でありたいと望む社会は「よい社会」であり、その「よい社会」が「よい社会」である条件となるテーマ、要件として外せないテーマは何か、という形で検討します。

例えば、自由のない社会はよい社会とは言えない、平和でない社会はよい社会ではない、環境に配慮できない社会はよい社会とは言えないといったニュアンスです。

学生にとって、このテーマは与えられたテーマとなりますから、学生はこのテーマに即して自らのテーマを設定する ── 「与える」ことになります。

❷ フィールドワークにおけるテーマ

フィールドワークでのテーマ設定は、より重要です。フィールドワークでは学生が個々人でインタビューを行います。アポ取りの有無にかかわらず、私たちは、いま、ここで何をしているのかという形でインタビューを実施します。

受け入れ先に対しては、単なる歓待や受け入れではなく、ハンズオン・ラーニングという形で授業を実施することを申し伝えています。学生は、本番までに「暫定的に」設定したテーマをフィールドワークの中で深めていきます。テーマに基づいて調査を行うのではありません。地域との共有可能性を巡って、テーマそのものを深めていきます。共有可能なテーマ（x&z、x&y）であるということになれば、次の段階として、何らかの提案も可能になります。

遡って、履修から本番までの期間、テーマ設定とテーマ相談を繰り返します。

《図表3-9》演習におけるテーマ設定

　テーマ設定のフックになるのは、授業を履修した動機や個人の興味や関心です（x）。そのままでは、いくら高等であったとしても個人の趣味の範疇を出ません。「私たち」をキーワードにグループワークやテーマ相談を行い、地域の人たちと共有可能なテーマになり得るかという妥当性を巡る議論を続けます。

　併行して、地域の理解を深めます。テーマ設定が進む学生に対しては、そのテーマが地域に即して考えるに値するテーマと言えるのか、という問いかけを行いますし、テーマ設定に取りかかれない学生に対しては、まずは地域の理解から進めようとアドバイスしていきます。

　以上は、滞在型の「実習」の場合です。数ヶ月の期間中、学生が個人で現地を訪問する「演習」の場合には、授業テーマとは別に大テーマを設けます。例えば、コミュニティ・ガバナンス（CG）という大テーマを授業として設けることによって、コミュニティとして存続していくとは、コミュニティがコミュニティとして存続していくための仕組みとはといったテーマに対して個人のテーマを設定するというワークを行います。

　大テーマは、地域とすでに共有されているテーマという位置づけになります。教員は、そのテーマについて地域と共有するという作業が必要です。

また、授業の冒頭で、なぜCGが共有可能なテーマになるのかについて、講義風の話題提供を行います。

CGは授業テーマよりも抽象度が低いため、学生にとっては個人テーマを設定しやすいという利点があります。フィールドワークとしての負荷とテーマ設定の負荷を勘案していきます。

大テーマに似たテーマは、地域でも設定する場合があります。例えば、地域との関係が深くなれば、いわゆる地域のニーズとして合意されているテーマが見えてきます。その場合、地域からのリクエスト・テーマ（RT）として取り組むことができます。

「実習」における個人テーマとRT、「演習」におけるCGと個人テーマ、これらを個々の学生の進捗状況やグループワークなどと組み合わせて、授業を実施します。

テーマ設定を基軸としたワークは、高大連携プログラムにおいても有効です。実際、すでにOne Night Dialogue（OND）として数回実施しています。

ONDは、プログラム全体のテーマ —— 豊かさ、幸せ、理解 —— に対して、事前に、大学生がテーマ設定を行い、そのアブストラクトを高校生が読み、本番に臨みます。大学生と高校生で構成されるグループで24時間（寝食を含む）のダイアログを通じて、テーマを深めていきます。

豊かさとは何かと問われたら、私たちはどのように問うのか、という形で議論を進めていきます。問いに答えるのではなく、もしその問いが問うに値する問いであれば（ここの検討も必要です）、私たちはその問いを私たちの社会に即してどのような問いに変換するのか、ということです。

❸ 何が「成果」なのか？

テーマ設定はハンズオン・ラーニング・プログラムの「成果」でもあります。

テーマ設定ができるようになると言ってしまうと、コンピテンシーのような言い方になってしまいますが、そうした言い方をするのであれば、テーマ設定とは何かについて考えられるようになります。

この「成果」があるからこそ学びのある社会であり続けることができま

す。学びのない社会では学びも学び合いもありません。考えるとしても、与えられたものを処理することに置き換えられてしまい、能力はすなわち処理速度に読み換えられてしまいます。

　答えのある問いを「考える」のであれば処理速度による優劣もつけられるのかも知れませんが、答えのない問いを「考える」ためにはその問いに意味があるのかを問うていては処理に入ることができません。「答えのない問いにチャレンジしよう」とは、「何も考えずに処理速度を競おう」に化けてしまう危険性があります。

　「この問いは問うに値するのか」を問うためにテーマ設定をし、その解法や答案ではなく、テーマの妥当性を巡って学び合うことができるようになる。これこそがハンズオン・ラーニング・プログラムの「成果」です。

　研究者である大学教員であれば、自らの専門や学問領域を前提にする限り、教育は簡単です。しかし、そうした領域や研究の進展そのものに何の意味があるのかということを研究の中では証明できません。より新しいもの、より詳細なものといった比較級で表される研究の進展はあるのかも知れませんが、そもそも、その専門や領域の存在意義は何か、といった問いに答えることは免除されていることになっています。

　仮に、画期的な研究やパラダイム転換といった言葉で研究の進歩や発展を主張する場合があるとしても、目標をもたない自然淘汰のもつ危険性については、パラダイム転換で著名なクーン自身が指摘しています。つまり、一定の目標を持たない過程としての「「進化」、「発展」、「進歩」は何を意味し得たのであろうか」（クーン1971、194頁）と。

　研究という枠組みであれば、研究史のレビューなどを通して、問題の所在を明らかにして論を進めます。誰しもが研究者になるのであれば、そこ「から」はじめてもよいでしょう。

　ただ、「から」の話をするのであれば、「そこ」はどこなのかという話が必要です。専門に近いところで言えば、学史や科学史などがあります。

　しかし、研究者ではなく大学の教員としては、自らの「社会認識の歩み」（内田1971）を語らなければなりません。生徒や学生として学ぶ中で、

研究者になる「ため」の学びだけではなく、学校や大学という社会の中で学んできたはずです。受験や資格取得のための手段としての学びではなく、学びそのものの経験を積んできたはずです。その経験を語ることによって、教員としての学びと学ぶ学生の接点ができます。

また、高校の教員にとっても、免許状にある教科ではなく、形容詞の付かない教員としてテーマを語らなければなりません。近年盛んになりつつある探究学習についても、教材ややり方に逃げるのではなく、生徒とともに探究するというトレーニングを積む必要があります。

高校のカリキュラム上の制限があるため、探究学習を深めることができないのであれば、そのことを十分に了解した上で、教材ややり方の「ある」限定的な探究に留めておくべきです。探究というつながりで高校が大学化したり、大学が高校化してしまっては探究にはなりません。

以上のことは、これまで述べてきたキャンパス外のプログラムを実施する際に重要です。

地域の側からすれば、たとえ専門家を招へいするにしても、その専門家に何をしてもらうかといったテーマ設定ができていなければなりません。まして、学生を受け入れる場合には、期待しすぎず、警戒しすぎず、学生と向き合うという形で学び合うことが第一歩となります。

もちろん、専門家として地域に入る場合には、その専門家としての手腕を問われますし、学生には若い人、よその者としての感性や意見があります。それを地域に即して活用するか否かは地域の側の手腕にかかっています。

6-2 カウンターパートとしての地域や企業

多拠点型の高等教育プログラムのときに述べた通り、地域や企業、団体は単なる受け入れ先や委託先ではありません。

フィールドワークの場合、実施形態にはいくつかあります。それらを踏まえて、カウンターパートと交渉のうえ、フィールドを決めなければなりません。

フィールドの候補は、教員が持っているフィールド、紹介や飛び込みによる開拓などがあります。いずれの場合も、ゼミや研究者個人として実施する調査ではないことを、キーパーソンだけではなく、住民の方々に広く説明することが重要です。そのためには、自治会の常会ほかで時間をとってもらうなどして、ハンズオン・ラーニングや地域にとって学生を受け入れることの意味などについて説明します。

　教員は、大学側ではなく地域の側で学生を受け入れるというポジションに立てる程度にまで、時間をかけて、地域との関係を構築していきます。教育プログラムを協働して構築していこうという合意は必須となります。

　インターンシップの場合、受け入れ先の企業と大学との間に立つコーディネーターの存在が重要になります。関西学院大学のプログラムの場合、ハブ・コーディネーター、コーディネーター、受け入れ先（企業・団体）という三層の構成とし、教員とハブ・コーディネーターとで科目をつくり、コーディネーターが受け入れ先側に立って、授業の運営と受け入れを行うという仕組みで実施してきました。

　さまざまなカウンターパートに対して、このプログラムに関わることによって、自身にどのような学びがあるのかという問いは外せません。それは決して、損得やコストの話に還元することはできません。

[参考文献]
内田義彦（1971）『社会認識の歩み』岩波新書
トーマス・クーン（1971）『科学革命の構造』（中山茂 訳）みすず書房
バーバラ・ミント（1999）『新版　考える技術・書く技術』（山﨑康司 訳）ダイヤモンド社

第4章

授業
―メソドロジー

実際のところ、ハンズオンの授業はどのようにやるのか。

　この質問に、「私たちはこのようなことをしています」という形で答えてきました。やり方があればいいのですが、ハンズオン・ラーニングでは、「こうやるとこうなる」という考え方を採りませんし、採らないよう細心の注意を払っています。やり方（How）を、何（What）で紹介していきます。

　ある目的を達成するための ── 目的合理的な ── 方法と、ここでいうメソドロジー は違います。複数の方法のひとまとまり（a body of methods、方法群）には、その方法群をよしとする人びとの間で通用する共通の ── ゆえに、暗黙の ── 前提があります。メソドロジーとは「その前提と方法の総体のこと」（内田1971）です。「ノコギリで木を切る」と言っても、どのようなノコギリで、どうやって ── 押すのか引くのか ── 切るのかは自明ではありませんし、ノコギリを使ったことのある人でなければわかりません。知っていても、実際にやってみると切ることができない、ということもあります。

　ハンズオン・ラーニングのメソドロジーになるもの、つまり、ハンズオンの授業の基本は学び合いです。仕掛け人である教員は、あらゆる場面が学び合いになっているのかに注意します。

　学び合いと言うと、教員と学生は対等ではないという声が、双方からあがります。このプログラムでは、学び合いは対等であったり、平等であったりする必要はないと考えています。そうであるべきなのかも知れませんが、あまり意識しすぎると対等や平等そのものが目標になってしまいます。教員は教員の立場で、学生は学生の立場で授業に参加します。それぞれの立場で、教員は教員の、学生は学生の為すべきことを明確にし、学び合いに参加します。

　学び合いという前提に注意しながら、さまざまな方法を組み合わせていきます。

　学び合いにおける方法を組み合わせる際に大切なのは、インプットとアウトプットです。この点に注意せず単に方法を組み合わせるだけでは、メ

ソドロジーとしては破綻してしまいます。

　インプットを「インプットとして扱うこと」が第一歩になります。語学の勉強などで言えば、リスニングとリーディングのように分類する方がよいのかも知れませんが、考えるを鍛えるトレーニングとしては、インプットの中で読むことや聞くことが「どのような状況になっているのか」というところに注意します。

　インプットに重心を置く授業が実施できていることを前提として、インプットを意識したアウトプットが必要になります。アウトプットが不要なわけではなく、インプットに主導されたアウトプットになるようにアウトプットの形式を工夫します。

　トレーニングのアウトプットはトレーニングをしている当の本人にとって重要なのであり、トレーニングプログラムにおいて、仕掛ける側のインストラクションが重要、かつ難しいポイントです。他者からは、アウトプットによってしかインプットの様子を、判断できません。インプットの良し悪しは誰よりも本人がわかっているわけですし、他者の評価に委ねていては、インプットのトレーニングになりません。そこにどのように関わっていくのかがインストラクションの課題となります。

　以下では、科目として設定した授業を「実際の授業」にするために何をしてきたのかを紹介します。プログラム全体の授業に共通すること —— セッティングと導入 —— からはじめ、ハンズオン・ラーニングのコア科目として、関西学院大学での「社会探究入門」（以下、「入門」）の内容、そして、学内外のその他の科目での応用といった順で紹介していきます。

1

セッティングと導入

　プログラム全体に共通する「セッティング」と「導入」があります。学内の授業のほか、フィールドワークの事前学修会やハンズオン・インターンシップ（HoIS、2024年度で終了）におけるプロジェクト説明会、オープンキャンパスなどで実施するもので、授業の性格を決定づける取り組みなのでセッティングと導入と呼んでいます。

1-1 セッティング

❶ 開始前 ── 確認

　まず、授業の開始時の話をします。一般的に言えることでもありますが、「この瞬間」とでも呼べる、チャイム前後の時間は非常に重要です。何を話すか、何を見せるのかということよりも、「何に注意を向けるのか」が勝負です。

　開始前、教室は決まっているでしょうし、スライドの準備も終えているでしょう。

　教室では、広さ、静かさ、座席の種類（可動式か長机かなど）、レイアウトなどを確認し、授業開始時の座り方とグループワーク時の使い方を検討しておきます。隣席を1つ空ける、通路側に着席する、前側を2列程度空ける、履修人数からみて隣席を空けたとしても窮屈にならない程度の列を数え、後ろ側の席を空けておく、といったことです。

　なるべく広い教室が基本で、授業によっては広くなくとも複数の教室が確保できれば十分です。ワークのときの「座り方」がイメージできていれ

ば、座席が可動式であるかはあまり重要ではありません。実際、ワークのときには、なるべくひそひそと話せる距離に近づける配置がいいかも知れませんし、ワーク内でも個人で何かできるような時間帯が必要な場合もあるでしょう。他のグループの話し声や話す内容が聞こえた方がいいのか、聞こえない方がいいのか、教室全体がにぎやかになっていた方がいいのか、「座り方」を考えるときに注意すべきことは多くあります。

　スライドでは、着席の仕方や配布物に関する情報を表示します。最前列にプリントが置いてあるなどの情報です。通常、Ａ４の用紙（一枚）と油性ペンなど太字で書けるペン（一本）を取って着席するよう表示します。

　授業開始まで、スライドに表示していることについて口頭で説明したり、指示したりということは一切しません。ある種の演出かも知れませんが、チャイムとともに授業に切り替えるということを、あとで伝えるためです。

❷ 開始後 ── 滑り出し

　開始時点で授業名をスライドに表示します。雑談や注意事項などの話は不要です。最初のメッセージは、「いま、私たちは、ここで何をしようとしているのか」です。多くを語る必要はありません。こちらが話さなければ、学生も話しません。

　友達同士で着席していたりして、話が止まらない場合があります。もちろん、「静かにしなさい」とは言いません。いろいろな言い方がありますが、私は「話し足りないことがあれば、話を終えてから教室に入ってきてほしい」といったん退室を促します。「どうしても、ここで話したいことがあるのであれば、ここにいるみんなに対して、その理由を前に出て話してみてはどうですか」と言ったこともありました。

　しかし、ここで大切なことは、状況に即して方向性を意識したインストラクションを行うことです。私語が止まるか、退室者が出るかといったことよりも、私たちは、授業で何をしようとしているのかという方向性が大切です。

　ハンズオンの授業では、教えることはありませんし、基本的に、指示を

することもありません。授業の方向性に関するインストラクション、それに関連する話題に終始します。ともに授業をつくっている者 ── 「私たち」── の一人として、「私はこのように考えている」ということを明確に伝えなければなりません。一つひとつで完結する指示とは異なります。

私語が止まらないという状況に即して、授業としてどのような方向付けが妥当か、と考えながらインストラクションを行います。そのインストラクションの妥当性を巡って、ふりかえりもできますし、学生を含む参加者との議論もできます。余裕のある場合には、その状況そのものを話題にしてもよいでしょう。その場ですぐに、が難しくとも、別の機会にそうした状況を抽象化し、話題にすることができます。

静粛になるまで授業を始めないというわけではありません。それぞれの授業の進み方に応じて、私語なども話題にしながら、いま、私たちの授業はどんな状況にあるのかに注意を向けながら、授業を進めます。

1-2 導入 ── クラスネームとメモ

セッティングとは別に、プログラムに共通する授業への導入があります。「クラスネーム」と「メモ」です。この2つによって、授業はハンズオン・ラーニングらしくなります。順に紹介していきましょう。

❶ クラスネーム

授業の最初に「クラスネーム」を決めます。授業開始後の落ち着かない状況かも知れませんが、静かになることよりも重要です。クラスネームを決める作業に入れば、静かになります。

《図表4-1》クラスネーム

ぶ　ど　う
かな or カタカナ

　クラスネームは、この授業で名乗る名前です。呼んでほしい名前であれば、例えば「ぶどう」のように、どのような名前でも構いません。普段呼ばれている名前（ニックネーム）である必要はありませんし、むしろ、ニックネームからも離れる方がよいでしょう。

　名前を決めている間、A4の用紙でネームプレート（三角柱）をつくるための紙の折り方、遠くからでも読めるよう太字のひらがなカタカナで書く、といった話をします。決められない場合には、この時間中に決めてほしい、いったん決めたものの変えたいという人は次回でも構わない、とも伝えます。

　書き終わった状況をみて、教員から見える位置にネームプレートを置くよう指示します。移動や作業の際にははっきりした指示を行います。

　クラスネームは、「ここ」に「外の属性を持ち込まない」ために付けたのだ、ということを説明します。もちろん、友人関係なども持ち込まないということです。「ここ」ではこの名前だけで進行します。クラスネームをつけることによってクラスの中の一人になります。いったん一人ひとりになるという状態をつくることができれば、ペアやグループが一人ひとりの集まりになります。

　クラスネームは「呼び捨て」です。先輩後輩や学部などを気にしないためです。「呼び捨て」がいやなら、クラスネームの中に「さん」や「くん」を入れるように伝えます。授業中、教員もクラスネームを「呼び捨て」にしながら、進めていきます。

　教員もクラスネームでよいと思うのですが、さすがに教員という立場は周知の事実ですので、無理強いはしません。呼ぶ方も困るようです。ただ、

アメリカの学生と一緒にやったプログラムでは、教員もニックネームで参加していました。

　あらゆるものを「棚上げ」してはじめて、授業の一員になることができます。少なくとも、「ここ」ではそれぞれの立場で授業をつくりつつ授業をなしている一員です。真面目に取り組むということとは違います。属性による説明や言い逃れをできないようにして、トレーニングとしての授業に没頭します。ハンズオンですから、「ここ」にいるだけで、すでに授業に「触れて」いるわけで、遠目に授業を眺めたり、授業に参加しているふりをしたりはできません。教員やスタッフも同じです。

　属性を「棚上げ」すると、自らの属性をもってアピールしたり、卑下したりすることができなくなります。名前だけで勝負できるということに安心できる学生もいれば、自負心を発揮できずにイライラする学生もいます。授業では、個々の学生に対応することはしません。あくまでも、そのような学生がいることを想定して、話題として、教員自身の考えを述べることがあります。

　こうした指示そのものに反発する学生もいますが、形式として抽選科目[*1]という仕立てにしておくことによって、一定の覚悟をもって履修した学生であるという「想定」が可能になります。この「想定」を話題にすることによって、抽選科目であっても履修しようとしたのは自分ですよね、と言えます。ただ、これは科目設定の段階での話です。

＊1：定員があり、通常の履修登録期間前に履修登録する科目。定員を超えた場合には抽選での履修登録となります。

　小さなことかも知れませんが、教員として言っていることを徹底するためです。その意味で、インストラクションは、単なる発言やスライドの表示だけではなく、注意の仕方にも現れます。

　高校のクラスのようにあらかじめ属性がわかっている場合には、個人レベルではなく、ペアをランダムにつくるなどして、「普段」とは別のユニ

ットをつくればよいでしょう。

　クラスネームの最後に、クラスナンバー（番号）の話をします。抽選科目であれば、すでに履修者リストはあるので、学籍番号とは別にクラスナンバーを付け、それを公表しておきます。これは、授業運営上の便宜もありますが、何よりも学籍番号をみれば、学部や学年がわかってしまうことを防ぐためです。

　いったん一人ひとりになることによって、各クラスやグループ、ペアが「私たち」として語られることになります。「語れるのか」という問題はあるかもしれませんが、少なくとも、友人関係や性別、出身、趣味や価値観といったものではなく、ワークの際にはじめて出会った「私たち」です。このような状況を作り出すことによって、ワークの中で「人それぞれ」（石田2022）だよね、といった逃げ口上が言えなくなります。その意味では、クラスネームはシンプルではありますが、授業を成立させる重要な仕掛けです。

　クラスネームに関連して、アイスブレイクは必要ありません。仲良くなることを目標にするワークであれば、アイスブレイクも有効かも知れませんが、仲間づくりや仲良くなることを意識してしまうと、個々のトレーニングやさまざまなワークが成立しにくくなってしまいます。仕掛ける側にとってもですが、学生も人間関係そのものを話題にしてしまうと、やりやすさ・やりにくさのところに相性や仲の良さなどが持ち込まれてしまいます。

❷「メモ」をとりながら考える

　授業の基本的なスタイルは「メモをとりながら考える」です。

《図表4-2》メモをとりながら考える

> # Memoをとりながら、考える
>
> ## 状況を描く
> （ここで起こっていること、すべて）

　このタイミングで筆記用具を出しているかの確認をします。当然、出している、でしょうか。筆記用具を置いてあることはあっても、筆記していることはまれです。学生の状況を考えてみてください。クラスネームの話をした後です。
　スライドを提示し、以下のような話になります。

（インストラクションの例）
　「ここ」で起こっていることすべてをメモします。教員の言っていること、スライドに映し出されていることも起こっていることなのかも知れませんが、何よりも、自分の頭の中で起こっていることを書き起こしてください。
　授業に関係することかも知れませんし、夕方にあるバイトの面接のことかも知れません。頭の中ではめまぐるしく多くのことが起こっているはずです。その起こっていることを書き起こしながら、考えてみてください。私は、いま、ここで何をしているのか、と。
　教員の話していることをフォローするだけではありません。自分の中で起こっていることに「考える」というフックをかけると、ある一言に引っかかって考えたり、「考えられない自分」のことを考えたりしているのではないでしょうか。なるほどと思ったら、なぜ、何をなるほどと思っているのか、なぜ、いままで知ってはいたけど、そのこ

とを考えたことがなかったのだろうか、など。

　腱鞘炎になりそうだというほど書くことになるかも知れません。まずは、「メモ」をとりながら、という状況に慣れましょう。もちろん、考えながら。

　書き殴るものは、ノートやルーズリーフでよいですし、チラシの裏紙でも、紙がない人はスマホやパソコンでも構いません。

　この「メモ」で、学生は自分が考えている状況に触れることになります。言うなれば、「考える」に触れてしまうわけです。この状況をつくれないと、トレーニングになりません。

　ここでのインストラクションは、何をするのか、に徹します。インストラクションなのだから当然と思われるかも知れませんが、ここで、「何のためにするのか」といった話をしてしまいますと、授業全体がぶれてしまいます。

❸ きく ── 聞く・聴く・訊く

　「きく」は必ずこのタイミングで話題にしなければならない、というわけではありません。しかし、短時間で実施するプログラムやフィールドワーク系の授業では、早い段階で触れる話題です。

《図表4-3》聞く・聴く・訊く

Hear　**Listen**　**Ask**
聞く　　聴く　　訊く

　「入門」などセメスターを通じて実施する授業では、中盤で話題にします。メモをとるという作業に慣れたくらいの段階で、「きく」という行為に改めて注目することによって、メモのクオリティがあがります。

　メモのところで、状況に触れるという話をしました。実際には「聞こえ

ている」ものを「聴く」ということを指しています。英語で言えば、hearとlistenの違いでしょう。

　ハンズオンでは、もう一歩踏み込んで、「訊く」を大切にしています。英語で言えば、askです。ここで言う「訊く」は、自分が、何をどのように訊いているのかを指します。

　話を聴きながら、自分は何をどのように訊いているのか。何かを見ながら、自分はそれをどのように見ているのか。本を読みながら、それをどのように読んでいるのかなど、他の感覚や行為でも同じように考えることができます。

　「聞く」と「聴く」だけでは、話がおもしろい、聞き取りやすいなど話や音の話になってしまいます。聴いている自分に触れると、「訊く」という観点が浮かび上がってきます。

　訊いている自分をそのまま書き出してみる。これこそが、メモです。

　メモにはテクニカルな問題以外に、いろいろと邪魔が入ったり、自分自身に抵抗があったりするようです。基本的に、「まあ、やってみよう」でいいのですが。

　「聴く」と「訊く」を架橋するのが「先入観」の扱いです。「先入観をもたないように聴こう」、「先入観を意識せずそのまま訊く」、といった辺りがやっかいです。先入観はあります。先入観をなくしたり、先入観に開き直ったりしない。この辺りの領域にどのように接していくかは授業がもう少し進んだ段階でなければ見極めることができません。

2

2つのワークと3つのセッション

　授業は個人ワークとグループワーク（ペアワークを含む）の2つのワークから構成され、実際の授業は3つのセッションで編成されます。

《図表4-4》3つのセッション（構成）

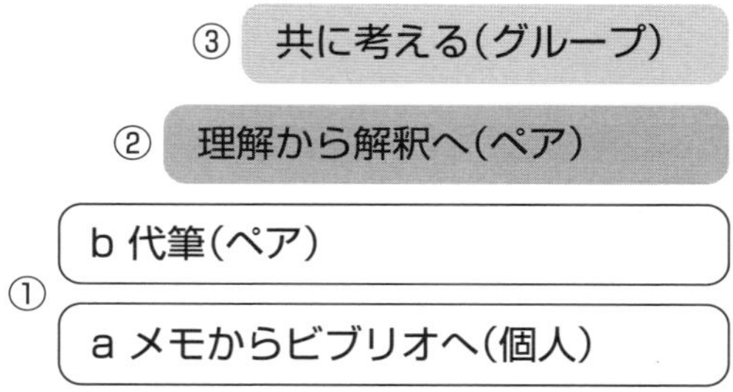

- ③ 共に考える（グループ）
- ② 理解から解釈へ（ペア）
- ①
  - b 代筆（ペア）
  - a メモからビブリオへ（個人）

　個人ワークを基本として、実際にはグループワーク（やペアワーク）を実施していきます。表面的にはグループワークばかりにみえることもありますが、授業の基本はあくまでも個人ワークです。個人が個人として、個人がグループの一員として、個人が授業の一員としてワークすることが基本になります。

　フィールドワーク系の授業では個人のテーマ設定が主となるため、個人ワークを乗り越えないとグループワークに入れない場合もあります。しかし、フィールドワークは、地域や企業の方々とグループワークをするようなものなので、授業で準備できることは個人ワークが主となります。

　さて、「入門」は、2つのワークが密接に絡みあう複雑な構成をしているため、3つのセッションに分けて編成しています。セッションはプログ

ラムに共通する「個人トレーニング」、インプット・アウトプットに関わる「ペアワーク」、学び合いの実践たる「グループワーク」から成ります。徐々にレベルが上がるというものではなく、次のセッションの中でそれ以前の ── すべての ── セッションがどのように活かされているか、踏まえられているかといったことがポイントになります。

　ここでもキーになるのは、個人ワークでもあり、グループワークでもあるペアワークです。「私」のワーク（個人）と「私と私たち」のワーク（グループ）を架橋するのが、「私とあなた」のワーク（ペア）です。ハンズオンのプログラムの中で、二人称や三人称が出てくることはほとんどありません。ペアワークを除き、基本的には一人称の単数（私）と複数（私たち）で考え、実施しています。

　ペアワークは、私たちが単に「私」の複数形ではなく、「私」と「私」が向き合う中で感得されるという経験を積むことになります。これは、個人が単に集まって何かをするというグループワークだけではできません。グループワークの中に強弱はありますが、必ずペアワークを組み込みます。

　セッションを授業計画的に分割すると、初回の授業と最終回の間に３つのセッションが挟まれた形になります。授業では、この最初と最後の回が非常に重要です。最初と最後で、個人ワークが露出していて、その間、３つのセッションが多層的に乗っかっているというイメージです。ワークとして色が出やすいのは第３セッションです。逆に、第２セッションまでは、なるべく色をなくして、淡々と進める方がよいようです。

《図表４-５》３つのセッション（授業計画）

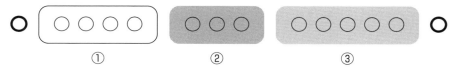

　大学の場合、履修期間が設けられている場合が多く、最初の授業が履修するか否かを見極めるお試し期間のようになっています。ハンズオンの場

合、初回が決定的に重要なので、「入門」の場合、履修期間とは別に抽選で履修を認める抽選科目にしています。フィールドワーク系の科目の場合、エントリー制をとったり、登録後に面談期間を設けたりしている科目もあります。

3つのセッションの回数は担当者や素材によって変わってきます。授業外学修をどのように設けることができるのか、など大学の事情によってさまざまでしょう。

各セッションで何をやるのか、をどのタイミングで提示するかも運営上大切です。例えば、テキストはなるべく早めに提示し、個人ワークとして読み込んでおくことを進める一方で、そのテキストで何をするのかはセッション直前で提示するなど、一概には言えません。

「入門」は最も複雑な構成をしており、仕掛け側としては、個々のワークやインストラクションではなく、3つのセッションを意識しなければなりません。

以下では、ハンズオンのフルパッケージ科目、コア科目とも言える「入門」の流れを追いながら、2つのワークと3つのセッションの絡み合いをみていきましょう。セッションの合間に、学生に提示するセッション図(スケジュール)を載せていきます。

《セッションの内容(全体)》

	キャンパスa	キャンパスb
① オリエンテーション	初回	別日程
② 「私たちの社会」― 代筆	04**-05**	同上
③ よい社会とは? ― 自由(1)	05**-06**	同上
④ 同 (2)	06**-07**	同上
⑤ 「私たちの社会」(再)	最終回	同上

※表中の「04**」は4月中の具体的な日程です。例えば、「04**-05**」は「4月21日〜5月12日」となります。

3

第1セッション
── 2つのサブセッション

　第1セッションは、授業計画の進捗に従って、便宜上、2つのサブセッションに分けています。授業の初回で行う「メモからビブリオへ」(a) と、2回目以降の「代筆」(b) です。
　ハンズオンのワークは、個人のワークであれ、グループのワークであれ、他のワークと連動するようになっています。もちろんワークは学生が行うので、学生からみれば一つひとつのワークが完結していないようにみえるかも知れません。学生がワークからワークへと移動するのではなく、ワークそのものが他のワークに対してオープンになっているという感覚で進めていきます。

3-1 ▶ サブセッション(a) ── メモからビブリオへ

　メモは書き出すワーク、書き起こすワークです。そのワークは、ノート、ビブリオとつながっています。

《図表4-6》メモからビブリオへ

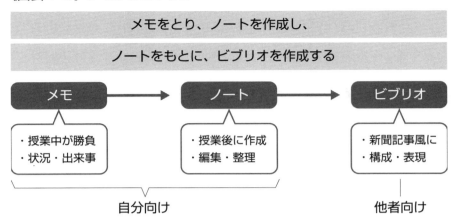

　メモ、ノート、ビブリオという用語は一般的にも使いますが、授業では、少し特殊な使い方をします。まず、「メモ」はすでに述べてきた通り、授業中に行うワークです。下手に「考えず」に、ここで起こっていること、自分の頭の中で起こっていることを書き出します。授業を終えた後、授業で起こったこと —— 出来事 —— を整理し、編集し作成するのが「ノート」です。両者は一連のワークなので、結果的には一つであっても構わないのですが、ノート的な発想でメモをしてしまうと手が止まってしまいます。
　メモとノートは、学生個人のワークです。そのため、教員は、どのようなメモになっているのか、ちゃんとノートにまとめているのかといったことをのぞき見るようなことはしませんし、チェックもしません。「ビブリオ」は、メモとノートを素材として、他者向けに構成・作成したものです。

3-2 ビブリオ

　「ビブリオ」（Biblio）は、ビブリオバトルが流行ったり、食中毒で有名になったりした（Vibrio、腸炎ビブリオなど）ので、他の用語にした方がいいかと思ったこともありましたが、私が教員になって以来、折に触れて使ってきたのでそのままにしています。「本を読む」といった程度のニ

ュアンスで用いていて、あらゆるものをテキストのように読むという感覚で読み取り、それを書き出したものという意味で用いています。

　ビブリオは三部構成で作成されます。B１、B２、B３と呼んでいます。

　B１は同じ授業の全クラスに公開します。つまり、別の時間、別のキャンパスなどで履修している全員に対して公開します。A４（一枚）で授業の内容を紹介します。「そこ」にいなかった人に対してどのような授業であったのかを「描く」というものです。それを同じ授業にいた者同士で共有します。新聞記事のような感じで書く、という言い方もします。B１を手書きで作成する学生は写真を添付してもよいですし、パワーポイントなどで作成する学生もいます。構成やデザインを工夫し、自分なりのB１のスタイルをつくっていきます。

　B２には、そこにいた自分が思ったこと、感じたことを書きます。新聞記事になぞらえて言えば、コラムのようなものです。B１とB２はあくまでも授業に絡めて作成します。それらに対して、B３はコメントや感想、質問、雑談などを書きます。

　ビブリオ作成のワークは、単にメモをビブリオに移し替えるということではありません。このワークは、授業を授業に参加していない人向けに描くB１、授業に参加していた自分が考えていたことを書くB２、そしてB１とB２を作成する過程で考えてきたことを書くB３、この３つにどのように仕分けるかというワークです。

《図表４-７》ビブリオの仕分け

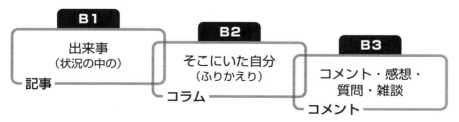

　B１とB２＆３は別に提出します。B１は匿名で、B２＆３はクラスネーム・

クラスナンバーを記載します。B1はA4（一枚）、B2＆3はそれぞれの区別さえできていれば、長さは問いません。

B2＆3を読んで、教員が作成するのが「リコメン」です。コメントへの応答（re-comment）の意味で使っています。

《図表4-8》ビブリオとリコメン

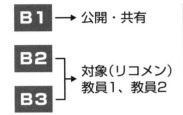

> 17. 日常生活の過ごし方が変わった：そうでしょう。しばらくは、その変わった感覚に慣れないといけませんね。変わった！ということに一喜一憂していては、身につける、慣れる、という感覚が得られません。まあ、ゆっくりと…。（2018春）

「リコメン」は、教員が（全クラスの）履修生全員のB2＆3に目を通して、教員ごとに全クラス向けに作成します。3つのクラスから提出されたビブリオに対して、そのビブリオ（B2＆3）を読みながら教員として何を考えたのかを教員版「ビブリオ」のような感覚で書くというものです。ビブリオに目を通すという作業が、教員にとっての授業のような感じになるようにするため、教員には、一読した時点で「すぐに」「リコメン」を書くよう求めます。例えば、3クラスで授業が構成され、各クラスを教員3名で別々に担当する場合であっても、全クラスのビブリオを読み「リコメン」を作成します。

ビブリオの提出は授業終了の二日後、リコメンの提出は次回授業の前日を目処にしています。不特定多数に公開しているわけではありませんが、B1とリコメンの公開を通して、教員を含む、授業に関わっているメンバーが何をしているのか、どのようなことを考えているのかを共有することができます。

教員及びスタッフは、ビブリオやリコメンを参考にしながら、授業の現状を把握し、方向性やインストラクションについて検討します。授業では、原則として、個別に学生に対応することはありません。ただ、スタッフ間

の協議の中で、個別に対応した方がいいと判断した場合には、その限りではありません。

　ここで言うスタッフは、職員やアシスタントのような公式なメンバーもいれば、授業のOB・OGなどもいます。誰をスタッフとみなすのかは教員が決めます。

　授業は公開で実施していますので、学内外の方々が見学されることがあります。その場合、授業時間中にスタッフがアテンドしたり、授業後に簡単な意見交換の場を設けたりして、いま、授業で何をやっているのか（やっていたのか）の理解を深めます。学び合いに参加してもらえるのであれば、誰でも歓迎します。逆に、学び合いに関われない方には参加を遠慮してもらっています。

3-3　なぜ、このスタイルなのか

　メモからビブリオに至る一連のワークが「入門」の基本的なルーティンになります。これはかなりハードなワークです。

　出だしの部分は、インストラクションというよりも命令に近い指示によって進めるように受け取られることが多いようです。当然、経験したことがないという驚きと、直感的にかなりの負担になるという感覚、裸一貫で勝負しなければならないという緊張などがあります。同時に、「やってやろうと」いう期待や「やれそう」という余裕などもあります。

　反発や反感を含む授業のエネルギーに対して、きちんと方向付けを行う必要があります。方向性についての説明は慎重に進めなければなりません。そのためにいくつかの解説を行います。

　まず、なぜ、このようなスタイルを採るのでしょうか。

　第1に、大学の「学び」だからです。高校生向けに話すこともある話題です。高校生の目線で考えると、勉強と言った方がいいかも知れませんが、学びには2つあります。「大学に入るための学び」（T1）と「大学に入ってからの学び」（T2）です。

《図表4-9》大学での学び

Type 1 大学に入るため
Type 2 大学に入ってから

高校 ❶ ▶ ❷ 大学

　前者の学び（T1）、つまり何かの「ため」の学びとは別の学び（T2）をもたない限り、大学ではやっていけません。高校生の延長を「やって」いくことはできるかも知れませんが、その学び（T1）では常に何かの目標を提示してもらわない限り、学ぶことができませんし、考えることもできなくなってしまいます。「ため」（T1）の学びでは、いまの自分のやっていることは、常に将来の自分や何か自分とは別のものの「ため」の手段や道具になってしまいます。いま、自分のやっていることは、自分の外に置かれた指標や目標によって測定され、メリットや価値といった言葉で読み替えられますし、その思考が内面化している場合には、自ら読み替えてしまいます。

　第2に、大学に入ってからの学びの土台になるのがハンズオン・ラーニングだからです。「ため」の学び（T1）とは別に、考えている自分に触れ、「考えるを鍛える」ハンズオン・ラーニングで得られる学び（T2）があるのではないか、ということです。高校卒業時、大学入学時にT1からT2への切り替えを済ませ、大学に入ってからの学びを大学生としての学びにするスタイルを身につけるべきだと考えています。入学時のなるべく早い段階で切り替えを済ませるべきだとは思いますが、実際には、4年間通じて切り替えようと思ってもなかなかできなかったので、と大学卒業前に履修する学生もいました。

　ハンズオン・ラーニング・プログラムは、学び合いを前提にしています。つまり、学びのある社会を前提とし、同時に、理想としています。そのため、切り替えたからといってすぐに身につくようなものではありません。

それゆえ、第3に、社会をなして生きつつある存在であれば、誰しもが参加できる学びだからです。社会に「出る」ために勉強するのではなく、学びのある社会の一員として、大学という社会の一員として高等なトレーニングを積んだ人間であることを主張してほしいものです。
　この授業は何を目指しているのでしょうか。
　この手の質問にまともに答えようとしてしまっては、初手から躓いてしまいます。
　基本的な考え方は、「授業という社会をなしている私たちは何を目指すべきなのか、を一緒に考えよう」です。もちろん、大学や学部、ゼミなどでも援用可能な考え方です。その前提として、私たちは何をしているのかをメモからビブリオ、リコメンというプロセスでトレースしています。
　大学での学びや学び合いという話をした後で、授業は受けるものではなく、つくりあげていくものだという話をします。これから、ここにいる私たちで授業をつくっていくことになる、ということです。教員やスタッフ、学生という立場で、授業に関わりつつ授業をつくっていきます。科目としてつくり、クラスで運営する個々の授業が「授業」になっていきます。
　ここにいる全員が、「よい授業とは何か」、「そのためには何をすればよいか」、「よい授業を通じて、自分はどのような学びを生み出せるのだろうか、どのようなトレーニングができるのだろうか」といったテーマをもって臨みます。すると同時に、授業とは何か、よい授業とは何かについて論じることができるようになるはずです。
　授業を学び合いの場だとすれば、そもそも大学とは何なのかというテーマが出てきます。私たちは、大学で何をしているのか、という問いです。それに答えるためには、「大学とは何か」について一家言もっておかなければなりません。
　著者の私が考える大学とは、人びと（社会）と学問（専門や科学を含む）とが出会う場所であり、学び合う人びとが集う機会です。その装置としての大学には、学部の学びと大学そのものでの学びがあります。そうした大学にとって相応しい授業とは何か、という私なりの答えが、ハンズオン・

ラーニング・プログラムでの授業です。

　学部に入学するという形になっている大学の現状において、大学には学部と大学の２つの学びがあることを理解してもらわなければなりません。大学としての教育力や教育の特徴はこの部分に現れるわけですから。

　初回の授業の最後に、教員としての自己紹介を行います。社会探究系の授業では、社会、探究、入門（実習、演習）といった３つの言葉を使って説明します。仕掛け人である教員は、私たちと一緒に何をしようとしているのか、仕掛けられる学生は何をするのかといったことです。ハンズオンと冠した授業では、インターンシップやフィールドワークを、なぜ、ハンズオン的に味付けしなければならないのか、味付けするとどうなるのかといった話をします。

　これが授業担当者としての自己紹介です。教員自身も、研究者として何をやっているのかを含め、属性については語りません。わかっているのは教員であるくらいなので、この授業の教員としての自己紹介のみをするということです。

　例えば、「入門」では、社会と探究についてはすでに述べましたので、ここでは、入門の話をします。入門とは簡単なことではありません。文字通り、門をくぐる、門を通過したということです。大学生として意味のあるトレーニングに臨む覚悟をしてほしい、と伝えます。

　これまで言ってきたことで、自分にはまったく該当しないという確信が持てた人は「退席してもらっても構いません」とも話します。履修登録上の問題がありますので、これに類することはシラバス上でも書いておく必要があります。

　学生には「考えるを鍛える」トレーニングを積み、知的基礎体力を固める、という覚悟をしてもらいます。

3-4 サブセッション(b)──代筆

　初回の終了時、3つの指示をします。1つ目は、次回（第2回）に向けて、「私たちの社会」というレポートを書いてくることです（A4一枚まで）。初回が教員の自己紹介と授業紹介であったとすれば、第2回はこのレポートを使って、学生が自己紹介を行います。「私たちの社会」とは何かと聞かれて、あなたならどのように答えますか、を念頭に置いて、書いてきます。

　「私たちの社会」は、最終回のワークでもあります。先ほど、最初と最後の間で行う個人ワークがあると述べましたが、実際に行うのは「私たちの社会」を書く、という作業です。

　「学習と学修」のところでも触れましたが、「学習」を「学修」にするためには宿題を準備に転換することは重要です。このレポートは初回の授業の復習ではなく、次回の準備になっています。ただし、授業では「宿題」「課題」といった表現は使わず、「提出物」で統一しています。教員も学生も、使役動詞的な取り組みや態度から脱するには、こうした言葉の精査が必要です。

　もちろん、何を学ぶかが明確な場面では学習が必要です。しかし、学ぶためにはいったん染みついた学習体質に気づかなければなりません。体質改善と言いたいところですが、基本的に無理だと思っていた方が穏当です。そう思わなければ、改善を目指したり、改善度アップを目指したりという窮地に陥ってしまいます。いまの自分に対してあまり酷いことはしない方がよいと思います。優しくばかりしていてもいけませんが。まずは自らの思考のクセや学習に染まった体質に気づくところからです。学び合いに集う人たちがどのような学習体質にあるかを見極めることは大切です。

　さて、2つ目がビブリオの提出です。授業中に説明したとおり、B1（匿名）とB2&3（記名）とを別のファイルにして提出します。初めてのことですので、さまざまなビブリオが出てきます。しばらくは、授業のメモ、直後のノート整理、ビブリオの作成という一連の流れに慣れていきます。

この時点で、ビブリオの出来について教員が言及してしまうと、ビブリオがふりかえりシートのようになり、学生からすると単なる負担にしか思えないようになります。

　最後に、長期的な視点から指示をします。セッションごとにテキストを読んでいくので、シラバス上に提示したテキスト*² を紹介し、早めに着手する（読み始める）ことを促します。

> ＊２：「入門」の場合、授業テーマ（自由、平和など）に即して、テキストを通常３つ準備します。例えば、自由の場合、テキスト１が丸山真男「「である」ことと「する」こと」（丸山1961）、テキスト２がミヒャエル・エンデ「自由の牢獄」（エンデ2007）、テキスト３がハンナ・アーレント「自由とは何か」（アーレント1994）です。読む分量も読み方も、ワークのなかでの用い方も異なりますので、一概に言うことはできませんが、テキスト１では自分の読みを試すことができるもの、テキスト２では理解と解釈に関わる議論ができるもの、テキスト３では著者と共に考えるというスタイルに馴染むものを選んでいます。

　この指示はセッションの確認という意味で非常に重要です。ちゃんと進めていけば、途中から教員のすることはなくなっていきます。ただ、それは単になくなるということではなく、学生たちがセッションを意識したスケジュール感覚が身につき、次回に向けての短期的な準備のみならず、授業終了までを視野に入れた長期的な準備ができてくるということです。長期的な見通しをもって、いま、ここでしていることを位置づけることができれば、自分なりのペースを掴むことができます。

　本の読み方について、第１セッションが終わるくらいまでに、シラバスで提示した２冊の本（アドラー『本を読む本』、内田義彦『読書と社会科学』）を読んでおくよう指示します。さらに、レポートを書く機会が多くなるので、レポートの書き方についても参考図書のリストを配布します。この２つは、いわゆる「やり方」に関わるものです。やり方の話は授業内ではなるべくしないようにします。読む・書くに関わるやり方も、結局のところ、その文章を「何として読むか」という読み込みや「何を書くのか」という

ところに戻ってきます。

3-5 代筆（第２回）

《第１セッション（b）》

- ✓「私たちの社会」…自分の考えている「（私を含む）私たちの社会」を確認
- ✓ 代筆レポート…他者の考えている「（その人を含む）私たちの社会」を理解する
- ✓ テキストの読解①…著者の考えている「私たちの社会」を理解する
  →著者を私たちに加えてみる
- ✓ 解説会と解説文… 1）グループによる解説（解説会）
                    2）代筆（個人、解説文）

　第２回から始まるサブセッション（b）は代筆です。ワークはペアで行い、個人のタスクは代筆レポートの作成です。ワークの中身はインタビューです。一つひとつのワークを完結させないことと、一対一対応にしない、つまり、ある目的のために何かをするという図式にはめ込まないことが大切です。

　例えば、「代筆レポート作成のためのインタビュー」というインストラクションは、いっけん何を言っているのかわからないという反応があります。「私たちの社会」というレポートを書いてこいと言われたから書いてきたが、自分のレポートではなく、たまたまペアになった相手のレポートを「きいて」、自分がその人のレポートを代わりに書かなくてはならない、そのためにインタビューをする、ということを頭で理解することにもまして、実際やってみるということです。

《図表４-10》代筆（インストラクション）

代筆レポートの作成 のための **インタビュー**

書いてきた「私」は、「あなた」の思うところの「私たちの社会」を書けと言われて、このような考えをしている「私」です、という準備をしてきた。つまり、自己紹介文です。自分の出身や性別、趣味などの属性ではなく、同じ「私たちの社会」という問いに対して、「私はこのように考えている」という自己紹介です。

　代筆レポートを書くということは、その人以上にその人になり切らないと書けません。情報量程度のことでは書けません。そこで、「きく」という作業が決定的に重要になります。

　授業の流れをみてみましょう。まず、事前に提出された各自の「私たちの社会」を1つのファイルにし、授業前日には見ることができるように準備します。

　ペアワークはグループワークで行います。履修人数にも拠りますが、3人から4人のグループを複数つくり、グループごとに教室内のワークの場所に移動します。

　グループ内で番号を決め（グループ内番号）、隣り合う番号でペアをつくります。例えば、A、B、C、Dの4人のグループで、AB、BC、CD、DAというペアができます。AがBに対して自分のレポートを用いて、うまく書けなかったことなどを含めて「私たちの社会」を話します。この場合、代筆レポートはBが書くので、ペアワークの主役はBです。ワークの最中、C、Dは二人のやり取りを観察します（基本的に口出ししません）。4つのペアワークをグループとして実施します。

《図表4-11》グループワークの構成

このワークの間、メモが複雑になります。最初の全体でのインストラクションのときは教室全体が「ここ」になりますし、グループワークの最中はグループが「ここ」になります。ワークをしている「私たち」の範囲が変わります。教員が話す内容や時間は初回の方が圧倒的に多いですが、「ここ」が変化する第二回では、メモからビブリオを作成する際に、ノートを作成するという形で行う編集作業が重要になります。ノートは、メモからノート、ビブリオという流れで説明される際には地味な存在ですが、複数のワークを組み合わせたプログラムの場合には重要な視点になります。ペアワークやグループワークをしながら、この授業で私は何をしているのか、という個人の視点で、授業をなして学んでいるわけです。

　代筆レポートは提出後、元のレポートと見比べられるようにして公開します。

　当然、代筆をみてのコメントはＢ３に出てきます。ただ、代筆に対してのコメントを指示するか否かは検討の余地があります。つまり、その際、何を基準に比較を行うかについての議論を経ていないため、単なる感想が出てくるだけになる可能性が高く、そのような指示は学生の負担を増やすだけに終わるからです。このスタイルの授業になれていない間は、無意味な負担を増やすべきではありません。

3-6　サブセッション（続き）：テキスト１（第３〜６回）

　前回のグループで、引き続きグループワークを行います。前回のワークで自己紹介は済ませているわけですから、お互いに属性ではなく「考え方」というところで知り合いになっている状態です。

　ここからのワークは、テキスト１の著者（例えば、丸山真男）が言う「私たちの社会」を代筆するという個人ワークと、それを迂回的にサポートするグループワークの組み合わせです。基本は、個人でテキストを読み、代筆レポートを書くというワークです。ペアワークと同じく、テキストの著者を「私たち」の一員に加えてみるわけです。当然、著者を理解しなけれ

ばなりません。

《図表4-12》テキストの読み込みと代筆

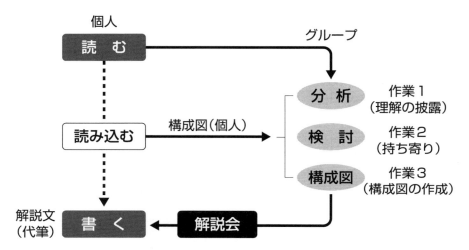

　本が読めないと始まらないという課題が共有されます。その課題をグループで克服していくという形です。実際のワークはグループで読み込みを進め、グループの読みを構成図として描き、それに基づいて解説会を行うという流れで進みます。構成図とは、A4（一枚）にテキストの全体像を描いたものです。パラグラフに番号を付け、スキル的にはパラグラフリーディングのような形になります。

　タスクは、著者の代筆レポートを書くために、（実際にはインタビューではなく、本を読むわけですから）その本をどのように読んだのかという解説文を書きます。そのため、グループワークは、本が読み込めない学生にとっては駆け込み寺のような場所になりますし、自分なりに読めたと思う学生にとっては自分の読みを試したり、確認したりする場になります。

　初回は、自分の読みを持ち寄って、グループ内で読みの現状を確認します。2回目（第4回）は、各自でつくってみた構成図を持ち寄って、グループの構成図をつくり、3回目（第5回）で、グループの構成図を用いて解説会を実施します。

各セッションの最後には何らかの会を実施します。第1セッションでは解説会を実施します。

　解説会はブース形式で実施し、他のグループの解説を聞き、自分たちのグループの解説と突き合わせたうえでのコメントを書き、当該のグループにそのコメントを渡します。各グループは寄せられたコメントを受け取り、翌週に向けてポスターを準備します。口頭での解説が必要なものを構成図とすれば、閲覧だけで完結する図としてポスターを完成させます。

《図表4-13》解説会－セッション1の終わり

　解説会からポスターに至る過程については、学生にしっかりと説明します。単にスケジュール通り進んでいるかではなく、個人とグループのワークがどのような関係にあるのか、個人として、グループの一員として何をしないといけないのかを確認するためです。

　最終回（第6回）は、ポスターの閲覧会です。解説やコメントはなく、ポスターを閲覧して廻ります。この回は、授業全体の中間地点になりますので、後半に向けてのブレークという位置づけです。閲覧会は短時間で終え、後半は、教員によるテキストの解説です。

　学生にやれと言っていることは基本的に教員もやるべきです。グループワークまではやりませんが、学生の解説会と同じく図を用いて、このテキストを私はこのように読んだということを披露します。しなくてもいいのかも知れませんが、スタッフとともに読み込みをしている際には、教員・スタッフ間での読みの確認作業になります。

　最終的に、各自が個人レポート（解説文）を提出して、第1セッション

を終えます。

《セッション（スケジュールの例）》

■ スケジュール

04	05**	構成図持ち寄り(個人P)－読み合わせ	
05	05**	解説会(構成図を用いて)－構成図(G)持参	
	05**	─── 解説文(代筆)提出(P)教務システムにて	
06	05**	ポスターセッション ─ ポスター(G)持参	
07	06**	第2セッション(テキスト②)スタート	
10	06**	第3セッション(テキスト③)スタート	

ある年度(春学期)の例。直近のセッションの内容(詳細)と後続セッションの告知。Pは個人ワーク、Gはグループワークの略。(学生向けの告知では、第2セッションを第3、第3セッションを第4としています。)

4

インストラクション
── 第1セッション

　授業開始時に、毎回、スケジュールの確認をします。前回から今回（今日）はどのようにつながっているのか、いまやっているセッションでは何をやるのか、続くセッションでは何をやるのか、といったことを確認します。
　また、毎回、授業のはじめとおわりに、「全体会」という時間を設けています。初回がすべて全体会だったとすれば、2回目以降は徐々に減っていきます。実際には事務的なアナウンスなどもあるので、授業の最初に20分、最後に5分くらいでしょうか。リコメンに関わる話題などもあり

ますが、基本は、「いま、何をしているのか」、「それをする際に注意すべきことは何か」といった話題について語ります。セッションはグループワークが中心ですので、ワークを進める際に注意すべきことを精確に指示しなければなりません。

第1セッションで触れる話題を、順を追って、紹介してみましょう。これまで述べてきたことと重複するものがありますが、あくまでも学生に向けて、どのように話しているかという視点で述べます。順を追ってというのは、必ずこの回でということは決めないということです。例えば、話題として取り上げておいて、状況に応じて、再びそれに言及することがあります。

4-1　考えるとは（2つのタイプ）

「考えるを鍛える」トレーニングであるのに、私たちは、「考えるとは何か」について議論していないということを話題にします。学生からの質問の有無よりも、キーになる概念や考え方について曖昧にせず、暫定的にでも仕掛ける側の考えを披露しなければなりません。

《図表4-14》考えるとは？―2つのタイプ

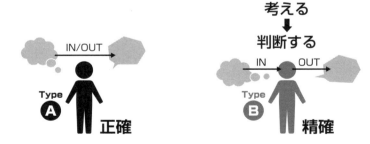

授業で板書した際に図示した2つのタイプです。タイプAはインプット（IN）とアウトプット（OUT）が同じであれば「よい」というものです。INとOUTが同じであることが大切なので、下手に考えてしまって、INとOUTが違ってしまっては大変です。「違い＝間違い」であり、ひたすら「正

解」を追い求める思考になります。その「正しさ」を自分では判定できないため、常に「これでよいですか」と問い、「これでよいのだろうか」と悩むことになってしまいます。ただ、INとOUTが一致することが求められる場面では、この思考は有力です。考えるのではなく、答え合わせを目指し、できれば事前に正確に答えが出る方法を「学ぼう」としてしまいます。正解は一義的にしか決まらない ── 存在しない ── ので、自分の考えを「思考」のプロセスに入れてしまっては大変です。こうした思考をし始めると、自分で考えようとする「思考」は邪魔になってしまいますし、そのような「思考」をする人も邪魔になってしまいます。

　タイプBは自分なりにこのように考える、ということを示しています。論拠や根拠を示すことができなくとも、私はこう考えると伝えなければなりません。しかも、伝わるか否かは相手に委ねられるため、自分でできることは「精確」に理解し、伝えようとする努力に留まります。タイプBは伝わらなければ始まりませんし、伝えようとすること、伝えるべきことを見極め、それをどのように伝えるかといったことを判断しなければなりません。ただ、タイプBの場合、たとえOUTの場面で他者からの評価が得られなくとも、自分なりの手応えを感じることができますし、何よりも、自分で考えるという経験を得ることができます。

4-2 社会と社会問題

　「私たちの社会」を素材としたワークの中で、多くの学生が「私たちの社会」ではなく、私たちの「社会問題」について書いてきます。引っかけているわけではないのですが、日本において「社会」という訳語が用いられて以降、「「社会」そのものが、元来「問題的」なものとして成立した」（石田1984、47頁）と言われているように、社会とは何かと考える際に、教育の現場を含む私たちが、往々にして社会の問題とは何かと置き換えてしまうクセのようなものが染みついているのかも知れません。

　例えば、対人関係においても相手のことを最初から病人とみなすことは

ないでしょう。相手を理解しようという努力の中からコミュニケーションは始まります。病人を治療しようとするスタンスや問題を解決しようとするスタンスからは、対等な関係は築けません。

ましてや、解決や治療をビジネスチャンスと捉える思考を教育の現場に持ち込んだり、一般化したりしてはいけません。もちろん、その責任は、受け入れる大人や教育行政を含む教育現場の側にあります。この点は、先に述べた問題と課題のとらえ方が、課題を所与として解決になだれ込んでいく傾向と類似しています。

4-3 わかる ── 個人

授業が進んでいくと、グループワークの状況に埋もれて、個人の状況が見えにくくなります。教員にとってではなく、学生にとって、です。個人のワークとグループワークの中の個人とを分けてみます。特に、テキストの解説文を書くという個人のタスクもあります。先に述べた理解の話や読書論とも関わらせながら、個人にとって「わかる」とはどういったことなのかを考えてみましょう。

まず、先に触れた先入観にも関わるテーマとなりますが、「思考の鋳型」とでも言うべきものがあります。ワークが進んでくると、それまでのやり方でこなせるように思う学生が出てきます。逆に言えば、これまでのやり方が通用しないと悩む学生が出てきます。

《図表4-15》思考の鋳型

「鋳型」に流し込むだけでどうにかなっている学生だけでなく、流し込むことにすら怖じ気づいている学生に対して、「突き合わせる」という経

験を積み、トレーニングに仕向けなければなりません。そのためには、流し込むことによって、その場を乗り切ろうとしている学生を注意しなければなりません。もちろん、当該の学生にとってはトレーニングになっていないわけですし、学び合いの中にいまの自分以外を持ち込むことは、つまりできていた（こなせていた）自分を持ち込むことは、属性と同様に、禁じています。

　持ち込むものには知識や情報もあります。突き合わせるという考え方からすれば、自分以外の人間がもたらしてくれた知識や情報は、それらの理解を通じて、その人間との対話を経なければなりません。テキストの読み込み（著者との対話）や、グループワークにおけるメンバーとの議論だけでも大変なのに、他の人間を加えてしまっては、多勢に無勢で、ますます突き合わせを試みようとする自分は萎縮してしまいます。「どうしても、自分は、ここがわからないから調べる、聞く」というところまでは踏みとどまるべきです。トレーニングをしている最中に、そうでなくともしんどい時期に、寄ってたかって自分をいじめる必要もないでしょう。ハンズオン・ラーニングでは、知っているか否かで勝負しません。知っていることが理解や解釈を阻害する場合もあります。

　グループワーク内で提示しながら自分の読みを深めると同時に、自分自身の理解についても全体像を描いていかなければなりません。

　タイプA的に言えば、わからないところ（部分）をすべて潰していけば全体の理解が完成します。しかし、実際には、理解できているいないにかかわらず、自分が読めているところや大切だと思っているところを手がかりに、常に全体として何を言っているのかをつかもうとする「読み」方が必要です。この仕方は循環的なものであり、暫定的な全体像を手がかりにして、部分を理解するという逆のループとして成立します。

《図表4-16》わかるの次元

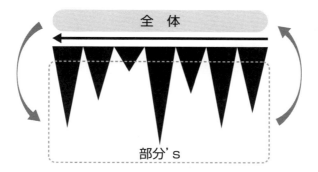

　この部分は自分の全体理解にとって重要だということが見えてくると、この部分について、全体像の（暫定的）イメージについて、自分の質問ができます。この質問こそが、自分は「このように考える」の中身であって、ここで始めてグループワークがワークになります。

4-4　わかる ─ グループ

　グループワークが進むと、当然、グループワークそのものの評価や問題、不満が出てきます。つまり、個人のワークが十分でないメンバーがいる、誰も意見を言わない、といった意見です。自分なりの読みを持ち寄らない限り、そして、その読みの披露を突き合わせない限り、グループワークは進みません。

　しかし、「自分なりの読みを持ち寄る」というと聞こえはよいのですが、ワークの中ではそれをはっきり言える人、言えない人、読めていない人などさまざまです。そうしたグループの状況に対して、最大公約数と最小公倍数に模して、次のような問いかけを行います。

《図表4-17》わかる－最大公約数と最小公倍数

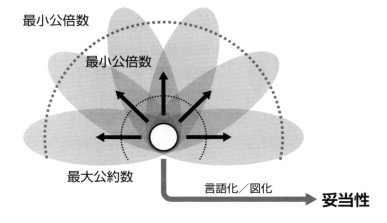

（1）「自分なりの読み」は「自分なりの読み」になっているか
（2）「グループの読み」は、誰が読んでもそのように読めるという程度（最大公約数）の低位安定になっていないか
（3）最大公約数を確認しながら、（数学的にはあり得ないが）それを「拡大する」という議論になっているか（最小公倍数を目指しているかと言い換えてもよい）
（4）「拡大する」という作業の中で違和感を抱いているか（低位であろうが、拡大していようが、グループで一致した読みという平均的な読みに対する自分の読み）

　グループワークとしてのポイントは、最大公約数です。公約数では誰でもできるという程度なりますので、「最大」公約数を目指すというワークの中でグループの理解は深まりますし、その確認作業の中で自分なりの読みが深まっていきます。（2）と（3）のせめぎ合いが、グループワークを単なるグループワークに終わらせないポイントになります。

4-5　グループワーク（進め方）

　ワーク内の問題に対して、メンバーのキャラクターの問題として済ませようという雰囲気が出てきます。つまり、属性を持ち出してきてやり過ごすということです。もちろん、そうしたこともあるのかも知れませんが、ここにはトレーニングをしようとして集まっているメンバーがいるわけで、クラスネームを含め、トレーニングするために準備をしてきたメンバーがいます。この点については、注意ではなく、確認に留めます。

　その上で、コミュニケーションレベルで想定される状況に対して、以下のようにコメントします。

（1）断定 ── 「…だよね」の世界：
　「ここはこうだよね」といった具合に、相手に対して同意か否かという形で発言する場合です。これでは対話になりません。日常会話の中では共感というニュアンスでよい意味で使われているのかも知れませんが、議論を深める場合には不要です。リアクションの有無でしか対話にならないのであれば、言葉を使う必要はありません。ソフトな強制のようなことをしていては、対話が深まりません。

《図表4-18》断定

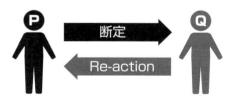

（2）正解探し（合わせ）：

　最大公約数の話とも関連しますが、ほぼ同じ意見が出た際に、「そうそう」という形で流さないということです。肝心なところでは、つまり自分にとって大切な議論のときには、大体同じ部分を合わせるのではなく、合っている部分（X）の輪郭を確認しながら、合わさっていない部分の差異を確認する、という作業が重要です。

《図表4-19》正解探し—合わせ

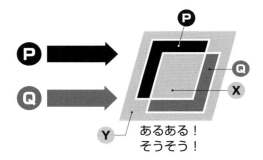

　この作業をしないと、自分の書く解説文がグループのものとほぼ同じになってしまいます。表現やニュアンスの部分に至るまでこだわってほしい部分です。自分の意見を言うという場合、他者とまったく異なる意見を言うというのは難しいものです。同時に、別存在である他者とまったく同じ意見を言うことは論理的に不可能です。考える過程を経た意見には必ず「私」が顔を出します。個性はこの（Xの）輪郭の見極めにおいて鍛えられます。Xの輪郭を見極めた上で、他者（Q）の考えや自分（P）の考えを含む新たな考え（Y）に至る場合もあります。より広い考えというわけでもありませんが、それぞれの輪郭（X、P、Q）を見極めることができれば、自分なりのYを構想できます。

(3) 伝える／伝わる（言語化）：

　学生から「わかってくれない」「うまく伝えられない」という悩みをよく聞きます。言語化と言ってもよいと思いますが、言語化したからと言っても基本的に伝わりません。特に、このトレーニングでやっているようなことは、伝えようとしている本人もわからないようなことを伝えるわけですから、自分の伝達力も相手の理解力にも頼らない言語化が必要だということです。

《図表4-20》伝える／伝わる

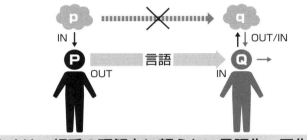

まずは、相手の理解力に頼らない言語化・図化を

　例えば、言語化とは言いますが、pをそのままqにすることはできません。Pは、自分にとって伝えたいこと（p）をまず、自分に向けて言語化しなければなりません（PにとってのIN）。その上で、相手に伝えるために言語化しなければなりません（PにとってのOUTとQにとってのIN）。それがQに伝わったか否かはqそのものではなく、Qが言語化した言葉に拠ってしかわかりません。「わかった！」と言ってくれたとしても、何がどのようにわかっているのかは、相手（Q）が私（P）に向けて話してくれなければ確認できません。

　そのため、議論は、質疑応答ではなく、確認から始まります。「私の伝えたことがあなたにどのように伝わっているのか」を確認します。代筆とはこの作業（トレーニング）を徹底していくことです。

5

第2セッション
―― 理解から解釈へ

　第2セッション以降、本格的にそのセメスターの授業のテーマに入ります。授業のテーマとは、第3章で触れた「よい社会」の構想に関わるテーマです。よい社会がよい社会であるために外せない条件やテーマがあるのではないか、という教員側のテーマ設定に基づくもので、自由、平和、環境、責任などを取り上げてきました。もちろん、他にもあります。

5-1　理解と解釈

　第2セッションは3回（第7〜9回）、第3セッションは4回（第10〜13回）実施します。2つのセッションを貫通するトレーニング上のテーマは、理解と解釈の関連です。

《図表4-21》知る／理解する／解釈する

知る ／ 理解する ／ 解釈する

　「知る」を含めたこの3つの言葉は、状態を示す「知っている／理解している／解釈している」となると、とたんに難しくなり、ハンズオン・ラーニング的なテーマになります。つまり、いま自分が知っていること、理解していること、解釈していることを表示できるかという課題に向き合うことになるからです。第1セッションまででは、「知っているか否か」で

勝負せず、「理解しているか否か」で臨もうというミッションがありました。

　そのため、第１セッションではテキストを理解し、著者を理解するというワークをやってきました。第２セッションでは敢えて、そのテキストを「解釈する」というタスクを課します。第１セッションで取り上げるテキストは理解するには難しいというコメントが出てくるからです。第２セッション以降では、そのコメント（反応）を受けて展開していきます。

　つまり、理解とは何か、理解するとはテキストに依存しているのかといったテーマです。「理解している」のは自分なので、テキストの難易度を言い訳にできない部分があります。もちろん、難しいテキストはあるのですが、自分がどのように「理解している」かということは十分に披露できます。

　第２セッションでは、ミヒャエル・エンデの短編を取り上げ、どのように解釈するのかという点に絞ったトレーニングを行います。「理解ではなく解釈」というよりも、ファンタジーですので理解が通用しないテキストを解釈によって、どのように「理解」するのかというトレーニングです。

　問題はその理解したことをどのように表現するのか、です。もちろん、「どのように」と言っても、Howではありません。自分が何をどのように理解したか（インプット）を再び表現するということです。「ため」連関（第２章）で述べましたが、ハンズオンでは、WHATにこだわります。５Ｗ１Ｈに関わらせて言うなら、そのうちの１つとしてのWhatではなく、それらでもって構成されるWHATのことです。「私たちは、いま、ここで、何をしているのか」は、私たちとは誰か（Who）、いまとは（When）、こことは（Where）といったことを含めて、何（WHAT）が起こっているのかを描くという作業になります。それらを曖昧にしておいて、原因に遡ったり、逆に将来を（解決的に）展望したりすることはできません。

《図表4-22》WHATへのこだわり

```
When
Where
Why       ➡ WHAT  ✓出来事（何が起こっているのか）
What              ✓それは何か　→描く
Who
How
```

それは、
いつ、どこで、なぜ、誰が、どうやって…

　さて、タイプBの話をする際に、タイプAとの対比で語りましたが、実際にはタイプA的な理解は不可能です。タイプA的な正確さが成立するのはせいぜい極度に抽象化されたものを当然とみなす場合でしょう。例えば、１＋１＝２が成立しているということだけを主張する場合です。子どもが、リンゴ１つとミカン１つを足した際に「２」と言い切れないことがあるのはいたって普通です。いくら２つの果物を睨んでもリンゴ１つとミカン１つがあるだけです。ただ、算数ができるようになる「ため」には「２」になってもらわないと困るわけです。それは、あくまでも抽象化するという前提を共有する世界の出来事であって、現実と抽象の行き来ができないのであれば、リンゴ１つとミカン１つあるだけだと主張することと、１＋１＝２だと主張することに大きな違いはありません。

　回りくどくなっていますが、普通に考えれば、タイプB的な思考や理解は了解可能だと思います。ですから、たとえ世の中でタイプAが普及しているからといって、それに合わせる必要はないわけであって、むしろ、意識的にトレーニングすべきは、タイプBという普通の思考です。せめて両方の考え方を自由に使える程度にはしておきたいものです。

　以上をまとめて、授業の中間辺りで、あえてタイプB的な思考をインプットとアウトプットに絡めて話します。先の伝える／伝わるとの話とも関連しますが、本を読んだり、ワークの中で人の話を聞いたり、フィールドワーク（FW）でインタビューを行ったりすることは、聞き手や読み手（Z）

に伝わっている限りでしか伝わりません。インプットとは、文字通り聞き手（Z）にとってのインプットなので、矢印のように突き刺さるのではなく、聞き手（Z）に対して現れるものです（present）。書いたり、話したりすることは（Xに対しての）聞き手（Z）にとっての「現れ」（present）であり、（Yに対しての）話し手（Z）にとっては「再現」（re-present）になります。「現れ」と「再現」とが一致することはありません。だからこそ、精確かつ丁寧に話し、書かなければなりません。

《図表4-23》インプットとアウトプット－リプレゼント

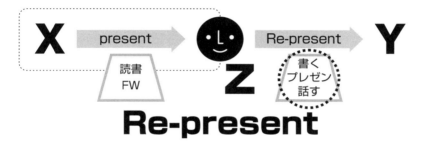

5-2　書評と編集会議 ── 第2セッション（第7〜9回）

《第2セッション》

- ✓ 読み込み（ペア）…読みの確認
- ✓ 構成の検討とパラ01の確定 → 書評提出
- ✓ 論評会（編集会議）…掲載する書評の決定

　第2セッションでは、ペアで書評を書きます。タスクは簡単です。4つのパラグラフで、自分たちはこのように読んだという文章（書評）を書きます。

《図表4-24》 4パラ構成の書評

> ① 内容を読みこなす（理解）
> ② 読み込み（自分たちの主張）
> ③ 予想される批判（想定）
> ④ 反批判（結論）

文字数は全体で800〜1,000字

　パラグラフの構成は以下の通りです。
・理解することが難しいテキストを「理解」し、普通にテキストを読むとこのように読める内容を記述する（パラ1）。
・同時に、「理解」が難しいがゆえに解釈して（読み込んで）みると、このように読めると主張してみる（パラ2）。
・もちろん、そのような読みに対しては、このような批判があるであろう（パラ3）。
・それをこのように踏まえるならば、十分に私たちの読み込みは妥当だと言える（パラ4）。

　先に述べたとおりこのセッションではミヒャエル・エンデの短編を使います。解釈以外できないようなテキストを読み込み、いったん「理解」した上で、このようにしか読めない ── 解釈できない ── という主張をし、というところまでが負荷になります。「このように読める」（パラ1）と「このように読むべき」（パラ2）が固まれば、あとは書評全体として面白い議論にしていこうというワークになります。文字数は全体で800字から1,000字です。

　全クラスの書評を集め、匿名で通番を付しただけで公開します。3回目の授業では、学生全員が新聞社の書評欄編集委員であるという想定で、どの書評を掲載するのか提案する担当者として書評を読み、「編集委員会」に推薦したい書評を3つ選びます。もちろん、この書評を読んでほしい、

というものを選びます。

　書評を選ぶ過程で、「編集シート」を作成します。このシートには、選んだ３つの書評についてのコメントと、その前提として評価対象として選んだ書評を記入します。いきなり３つを選ぶのではなく、まず、自分が評価対象とするのはどの書評なのかを仕分けます（母集団と呼びます）。選抜そのものよりも自らの選抜方針（尺度）を明らかにし、その方針に従うなら、この３つになるということを示すわけです。３つ選んだあとで理由を考えるのではなく、「こうした方針のもと、この３つを選んだ」という考えをセットで示します。これは当然、自分がこれら書評をどのように見ているのかということに向き合うことになります。

《図表４-25》編集シートの作成

1. 仕分け－－－母集団を確認する
2. 評価（３つ）

① 母集団(複数) ── 番号、尺度
② 評価(３つ) ── 番号(順番)
　　　　　　　── 理由(尺度を明確に)

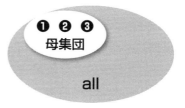

　最終的には、母集団入りの書評と選抜された書評に得点をつけて、公開します。どの書評が自分たちの書評なのかということは、自分たち以外にはわかりません。全体の順位発表のようなものは行いません。各ペアには、コメントをまとめて渡します。それらのコメントをどのように読んだのかは、ビブリオ（特にＢ３）に書かれることがあります。全体の順位発表を気にする学生もいますが、基本的に無視します。

　第２セッションは授業の折り返しでもあり、来たる第３セッションに向けた中休みのような雰囲気で進めていきます。書評では好き勝手なことが書けるわけですが、他者が書いたものを選ぶとなると好き勝手にはいかないといったところにゲームのような面白さがあります。

書評は、教員やスタッフ、OB・OGの学生が書くこともあります。このセッションだけに参加する学生もいます。私も書評を書きましたが、選ばれたことはありません。

5-3 評価「する」

　第2セッションから授業の裏テーマとして、評価の問題を取り上げていきます。書評はその手始めです。

《図表4-26》評価「する」

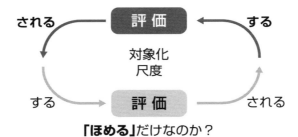

　書評には準備付けをしますので、数値だけ足せば全体の順位は出ます。しかし、仕分けという作業が入っているため、その数字の意味は編集委員によって異なります。3点は3点ではないということです。

　学生は、「評価」される経験は豊富です。評価に関わるときに評価「される」経験のみでは、評価のある社会が存立できないことになります。つまり、誰も評価の妥当性を議論できない社会は、すでに社会ではありません。積極的に評価「する」立場で評価に関わることによって、評価されて ── ほめられて ── うれしい、ということだけの状況から自由になってほしいと思います。

6

第3セッション
―― 共に考える（第10〜13回）

《第3セッション》

- ✓ 読み込み（グループ）…読みの確認
- ✓ 「授業」に向けて → サポーターと共に
- ✓ 「授業」…自由論（個人）を書く上で参考に

　第3セッションのタスクは、グループの一員として、これまででやってきたことを総動員しながらテキストを読み込み、聞き手の参考になるような「授業」（グループにおける理解の解説）をすることです。そして、もちろん、個人としてはテキストを踏まえて自らの「自由論」を書き上げます。第3セッションのテーマは【「自由」は、私たちのよい社会にとって、必須の要件（条件）なのではないか】です。賛成か否かだけではなく、「私たちの社会」論にもつながっていきます。

　第3セッションのテキストは理解と解釈を駆使しないと読めない、駆使しても読めないテキストを選びます。自由がテーマの場合、アレントの「自由とは何か」を取り上げます。アレントは、彼女自身も述べているように、自由とは何かを考えながら書いています。テキストを通じてアレントとともに考えるという形でなければ読めません。

　本の読み込みについては、すでにグループワークのところでも触れましたし、授業の中では「読み方」の話をしないが故に、読書法に関する本（2

冊）を紹介することにも触れました。

　ここでは、そのワークの前段として、個人で本を読むという場面の話をします。テキスト３については、読むことそのものが非常に難しいので、早くから読むようにというインストラクションは初回から言い続けてきました。さすがにこれまでのセッションを通じて、読まずにどうにかなるという学生はいません。問題はこのセッションでやろうとしているような「授業」にまでできるところへたどり着けていないということです。

　学生の読みの状況については、ビブリオとリコメンのやり取りの中で把握もできますし、個別の相談やリコメンによって少し抽象化した形で留意点などを伝えることもできます。また、第２セッションの前には、履修前と現在とで本の読み方に変化が生じたのか（ビフォー／アフター）をビブリオに記してもらいます。

　以上を踏まえた上で、改めてセッションのはじめに、インプットとの絡みで「読み」は鍛えられつつあるかと問います。

《図表4-27》「読み」は鍛えられつつあるか－読みの「レベル」（深さ）

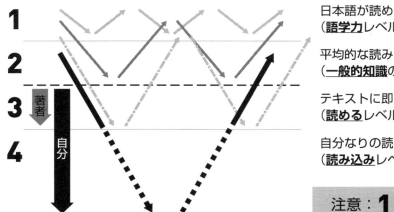

　読み・読み込みには４つのレベルがあります。レベルが上がるというよりも、読みを深めるときの壁のようなものです。レベル１は、日本語が読

めるレベルです。書いてあることを読むという感じです。レベル２は、書いてあることがわかればこのように読めるよねという平均的な読みのレベルです。ここまでは、日本語が読めるのであれば、誰でもこのような読みができるよね、で済ませることができます。

　問題は、レベル３と４です。レベル３は、著者はこのように書くことでこのように言っているといった具合に、著者の言っていることを「きく」というレベルです。ここから著者との対話が始まります。著者の言っていることをなるべく精確に理解し、可能であれば、著者になり切って「代筆」できるかといったレベルです。レベル４は以上を踏まえて、私はそれについてこのように考えるという自分なりの読みができるというレベルです。

　レベルという言い方をすると誤解されることがあるのですが、徐々にレベルが上がっていくというものではありません。この４つは読む際に常に通る途です。読んでなくとも、この著者はこう言っている（レベル３のみ）や、私はこう思う（レベル４のみ）ということはできます。著者の書いていること、言っていることに即して、私は「それ」をこのように捉え、「それ」についてこのように考える、ということができます。わかりやすいのは、アウトプットだけをみるとレベル１もレベル４も大差ないようにみえるということです。レベル感をもってこの途を何度も何度も歩むということがトレーニングにつながります。

　理解か解釈かではなく、理解に向けた努力の先にある解釈、理解をくぐった解釈を根拠にする主張には妥当性があります。少なくとも、妥当性を巡っての議論に馴染むだけの説得力があります。自分に由来しない根拠に頼るのでなく、また考えないクセをつける前に、「このような主張にも十分に説得力があるのだ」と言える経験をしておかなければなりません。

　レベル４は読めるようになるというよりも、そのように読んでみるという形で深めていくことができます。テキストを読む、テキストの向こうに著者を理解する、というよりも、アレントを読みながらアレントと一緒に「自由とは何か」を考える、というスタイルを採るイメージです。

《図表4-28》共に考えるという読み

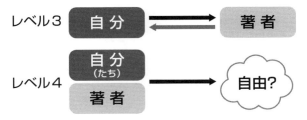

　授業の組み立ては基本的に第1セッションと同じです。個人ワーク（自由論）とグループワーク（テキストの読み込みと「授業」）があります。4章立てのテキストであれば、4人のグループをつくります。一人につき1章ずつ「授業」担当（解説担当）を割り振るためです。4で割り切れない場合もあります。その場合には3人でも構いません。

　テキストを読み込む作業は、第1セッションとは異なり、各章を個人が担当する形で進めていきます。担当はグループ内で決めてもらいます（決め方も含めて）。このセッションに限らず、ワークに関する事柄について、教員は個人ではなく常にグループに対して判断を求めます。

　また、担当者とは別にその担当者を補助するサポーターを決めます。ペアワークとは異なりますが、サポーターは本の読み込み、「授業」の準備などをサポートします。サポートと言うと軽い感じを受けるかも知れませんが、担当者の読みと「授業」を保証しなければなりません。グループ内ではそれぞれ一人二役 ── 担当者とサポーター ── を引き受けます。

　本読みが基本になりますが、グループワークとしては、「タテ読み」と「ヨコ読み」を進めていくことになります。「タテ読み」とはグループで協力してテキスト全体の理解をめざすというものです。個人ワークとして全体の理解に目処が立たない限り、部分（章）の理解はあり得ないわけですが、それを共同で読んでいこうというワークです。

《図表4-29》タテ読みとヨコ読み

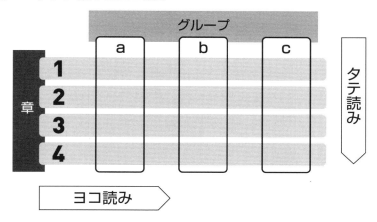

　基本はタテ読みになりますが、セッションの中盤で「ヨコ読み」をします。つまり、サポーターがいるとはいえ、そのサポーターも担当章があるわけですから、なかなかサポートに手が回らないこともあります。同じ章を担当している他のグループのメンバーとわからないところを確認するというワークです。当然、各グループの個性ある読みというところまで読み込んでいこうということが主目的なので、ヨコ読みは読みの披露というよりも、わからないところを確認し合うところで留めます。

　「授業」は、全クラス合同で実施します。キャンパスが複数ある場合などは、学外で実施するなどの工夫が必要です。「授業」はブース形式で実施します。人数にもよりますが、できるだけ多くの「授業」に触れられるよう、各章2回ずつ（20分）実施します。学生の立場から見れば、担当章を2回解説（「授業」）し、それ以外の回は他のグループの「授業」を聞きに行くことになります。

　もちろん、この「授業」でも評価を実施します。この場合の評価は、書評のときのように書いた ── 授業をした ── 人に対してではなく、「自由論」を書く際に参考になったか否かということですから、どういった点で自分の文章に活かされたのかを書かなければなりません。

　合同「授業」のあと、「授業」で報告した内容を文章にし、解説文とし

てグループごとに提出します。グループワークはここで終わります。

7

最終回（第14回）

　最終回は、改めて「私たちの社会」を書く、という個人ワークが主となります。座席はクラス番号順に指定し、物理的にも個人に戻ります。ワークに先だって、最後の全体会を行います。

　全体会では、「考える」「わかる」「学ぶ」という３つのキーワードを手がかりに授業全体で何をしてきたのかを振り返ります。

　まず、「考える」では、個人（タイプB）とグループ（最大公約数と最小公倍数）で触れた話題をふりかえり、「考えていることに慣れたか」と問いかけます。考えることができるようになったのか、という問いは成り立たないからです。誰しも考えていることを前提にしているわけですから、できるようになったのかというコンピテンス的な考え方には馴染みません。

　タイプBの話をすると、どうしてもタイプBになれないという話が出てきます。タイプBはあくまでも考え方のタイプに過ぎないので、なる・ならないの話ではないということはくり返し伝えます。しかし、同時に、タイプB的な思考を妨げているもの ── シールド ── があるのではないかという視点から、インプットとアウトプットが自分の頭を経由せず、迂回路ができてしまう状況について話します。まず、授業全体の前提であった属性の話です（内側のシールド）。私は理系なのでとか、あの人は頭がいいのでといったワークを躊躇させる、もしくはワークに向かわない自分を正当化する（してしまう）ループです。

《図表4-30》迂回路を経ない「思考」

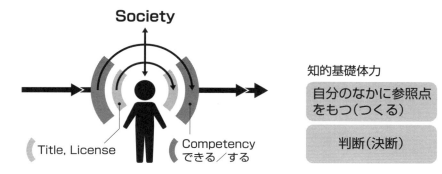

　次に、何かをしている場合に、できるか否かを問うてしまう傾向についてです。大抵の場合、誰しもが何かをしているわけですから、できるか否かでブレーキをかけてしまうことはトレーニングの邪魔になります。例えば、授業の大半を占める読書についても、読めているか否かと問うのではなく、自分なりに読んでいることを披露する、ということで少しずつでも手応えを得なければ、トレーニングとして続きませんし、たとえ読めているとしても、読み込めるようにはなりません。

　こうしたシールドによって「考えるを鍛える」トレーニングが邪魔されないために、直接、社会との関係を問うというところで、プログラムを構想してきました。それが、社会をなして生きつつある私たちであり、私たちの社会です。そうした私たちや社会に即して、さまざまなことを位置づけ、その意味を問うというトレーニングに向かわない限り、「考えなくてもいい」という話になってしまいます。

　さて、考え方のタイプだけではなく、そもそも私たちは「考えているか」という問題があります。何かの「ために」考えたり、何か質問がありますかと問われてから考えたり、といった「考える」は普通なのでしょうか。

　ハンズオンでは「考える」に触れるところから話を始めますので、考えていないことを想定していません。これまで見てきたとおり、「入門」ではメモを素材としたビブリオだけでも膨大な量の「考えている」ことが示されます。口にすることは難しくとも、誰しもが考えているからこそ、「考

えましょう」ではなく、「考えている」ことを書き出そうというインストラクションが中心になります。

　とは言え、思考が目的達成の道具としての機能によって評価されるようになってしまっては、なるべく考えない方が機能向上につながるでしょう（道具化）。また、思考までも作業とみなしてしまえば、すべて負担として勘定されてしまいます（作業化）。さらに、これまでどうにかなってきた人に多いのですが、考えている「ふり」をすることができてしまいます（翻訳・変換）。

　こうした状況を逆転した社会と捉えるのか、思考を機能や道具とみなしたり、考えている「ふり」をしたりすれば済むということでよしとするのか、という問題は残ります。私自身は、授業をするたびに、学生たちが考えていること、考えるを鍛えたいという期待に応えなければいけないと思ってきました。だからこそ、教員やスタッフを含む大人が「考える」ということに手を抜いてはいけないと考えるわけです。

　さて、最終回はじめの全体会を終えたあと、「私たちの社会」を再び書きます。これまでの授業を経て、「私たちの社会」を書けと言われたら、いまの私はどのように描くのか、という課題です。「私たちの社会」で「授業」を挟み込むという話は、授業の前半からしています。つまり、もう一度描けと言われたら、どのように描くのかというテーマをもって授業を過ごしていたことになります。

　まず、構想を練るように伝えて、各自、メモ書きなどを準備しています。授業中にやるのは、その構想を書き出すことだけです。文章化という作業は、作業そのものに難しさがあります。箇条書きや構成図のようなものでも構いません。授業中には構想だけを書き出し、授業後に、少し時間をかけて文章にします。技術的なことですが、学生は自らの書き出した構想の複写を手元に残し（写真を撮るなど）、書き出した構想は授業中に提出します（文章化したものは翌日中に提出します）。

　ワークの２つ目が、授業評価です。「授業をつくる」という考え方で進めてきた授業を自己評価と授業評価という２つの評価として記述します（木

本2022)。教員評価ではありません。いわゆる授業評価は大学や学部などで実施しています。

　自己評価は、自分の取り組みをふりかえり、授業を構成した一人として何をどのように評価するのか（しないのか）を明示した上で書きます。授業評価では、同様に、「授業」を、どのような視点から評価するのかを明示した上で書きます。

　授業評価は教員も行います。授業に関わったメンバー全員で評価を行うことが理想です。いわばみんなで担いだ「神輿」と「神輿の担ぎっぷり」を評価するという感じです。

　もちろん、以上の「授業」評価を現行の単位制度のもとでどのように運用するのかという課題はあります。基本的に単位認定科目に近い運用をすべきだと考えています。点数化して成績評価を行うこともできますが、プログラムの理念とかけ離れています。

　現行の成績評価は「評価する側」と「評価される側」の対抗関係を前提にしています。授業評価もありますが、それは学生だけではなく、教員も評価されるべきであるという対抗関係を前提にしたものです。教材や教え方のところにすべてを押し込むことができるのであれば、そうした対抗関係にも一定の効果はあるでしょう。

　しかし、学び合いを前提とするハンズオン・ラーニング・プログラムにおいては、そうした成績評価は馴染みません。さらに、仮に評価するとしても、その数値化は授業外の他者に委ねるべきです。つまり、このようなプログラムとそのプログラムでトレーニングを続けた学生をどのように評価するかは、評価する側にかかっています。教育機関としては、人材としての学生だけではなく、どのような人材を育てようとして、具体的にどのようなプログラムをしているのかという部分を評価してもらうべきではないでしょうか。

　実際、教員が評価した数値ではなく、教員と学生がどのような授業をつくりつつ学んだのかの記録（ナラティブ）こそが評価の対象になるのではないでしょうか。それにどのような点をつけるかは、評価する側の事情に

よります。例えば、サッカーにたとえるなら、得点力をアップしたいチームにとってこのプログラムは相性が悪いでしょう。しかし長期的にチーム力をアップしたいチームにとっては、このプログラムでトレーニングを積むことを評価してもらえるものと自負しています。

《図表4-31》「授業」評価－ナラティブ評価

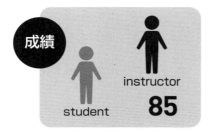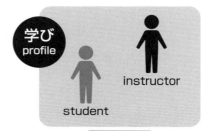

- 評価するのは教員、評価されるのは学生
- 「授業」が見えにくい
- 最終評価は数値化される（数値化された評価を外部に示す）

- 相互評価（表明）
- 「授業」評価（≠教員評価）
- 数値化するのは、その評価を参照した外部者

8

応用

　ハンズオン・ラーニング・プログラムは、構想から細かな授業の進め方に至るまで、あらゆることに触れながら、見直しを行ってきたため、従来と同じようにみえるものであっても、テイストといったレベルではことご

とく異なります。

　例えば、ハンズオン・ラーニングでは発表会は行いません。学び合いを前提とするプログラムにおいて、発表する人とそれを聞く人、ましてや評価する人という構成で成立する発表会は馴染みません。

　何かを発表するという意味での発表はします。しかし、すでにみてきた通り、何を誰に向けてどのように発表するかによって、解説会、「授業」、意見交換会などの呼称を使っています。解説会、「授業」については述べましたので、意見交換会を紹介します。

　意見交換会はフィールドワーク系の授業で実施することが多い形式です。ハンズオン・ラーニングのフィールドワークは調査ではありません。ワークの成果はテーマの共有可能性について意見交換を行う形でしか披露することができません。学生はテーマを設定し、そのテーマが地域の方々にとって考えるに値するテーマであるか否かを巡ってインタビューを進めていきます。その結果を「報告」するわけで、報告そのものよりもその報告を素材とした意見交換が可能かどうかというところに力点があります。意見交換会の結果、「ぜひ、地域や企業で取り上げていこう」ということなれば、はじめてそのテーマから課題を確定し、具体的な取り組みに向けて動いていくことができます。

　以上に補足すれば、「報告」では模造紙（小規模の場合、Ａ３やＡ４の用紙）を使います。パワーポイントなどのスライド系のツールは使いません。報告するだけで終えるのであればスライドでもよいのかも知れませんが、それでは報告することそのものが目的となってしまいます。

　自らに「現れた」ことを、他者に伝わるようにその全体像を示すというやり方をするにはポスターが最適です。もちろん、ポスターの作り方は示しません。自分（自分たち）の考えていることを一枚の紙に描き出すというワークの中に、否応なく個性が出てきます。その個性こそ、トレーニングをしているのは自分なのだという確証を得る手がかりとなります。

　ハンズオン・ラーニング・プログラムは汎用性のあるプログラムであり、

高等教育の存在意義を認めるところであれば、どこでも導入可能です。その導入の仕方はカリキュラムのような形でも、個々のプログラムや授業にハンズオン風味を加味するという形でも可能です。

以下では、インターンシップと高大連携プログラムを事例として、「ハンズオン仕立て」にするとどのようなプログラムになるのかを紹介してみます。

8-1 ハンズオン・インターンシップ

ハンズオン・インターシップ（HoIS）は、既存の実践型インターンシッププログラムとして実施されていたプログラムをハンズオン・ラーニング仕立てにして作り直したものです。HoISではすでに「ハンズオン・インターンシップ・ガイド（Guide）」を公にしています。以下では、そのガイドと履修希望者向けに実施しているプロジェクト説明会（PJ説明会）の内容を中心に、HoISの概要を紹介してみます。

ハンズオン仕立てでインターンシップを実施するということは、当然ですが、教育プログラムであること、学び合いのプログラムであることを前提とします。

インターンシップそのものが有意義であることは確かでしょう。しかし、それを教育プログラムとして、しかも高等教育プログラムとして実施することに対して、きちんとした議論が必要です。

例えば、10年前に出された「インターンシップの推進に当たっての基本的考え方」（2014年4月8日）の主旨説明には、次のような記述があります。

「大学等におけるインターンシップ（以下、「インターンシップ」という。）は、大学等における学修と社会での経験を結びつけることで、学生の大学等における学修の深化や新たな学習意欲の喚起につながるとともに、学生が自己の職業適性や将来設計について考える機会となり、主体的な職業選択や高い職業意識の育成が図られる有益な取組です。また、体系化された

知識を理解し学修する能力だけでなく、仕事を通じて暗黙知から学修する能力を身に付けることで、就職後も成長し続けられる人材の育成につながります。」

　こうした文章を真に受けてそれをただ遂行するだけでは、教育機関として教育力がないと誹りを受けても仕方ないでしょうし、そのようなプログラムはわざわざ大学で開発しなくても、大学の外に「良質」のプログラムが存在します。学生を「学習意欲」もなく「考え」てもいないとみなすのは、課題解決型のプログラムで「社会」を「社会問題」としてしかみない姿勢と同じ発想です。

　高等教育プログラムとして取り組むべきは、こうした指針を受けて、いかに教育プログラムとしてのインターンシッププログラムを開発・実践していくのかという課題です。ハンズオン・ラーニングの場合、学生の学びに資する形でなくてはなりません。教育ということを別にすれば、大学にはさまざまな就職支援プログラムがあります。

　さて、HoISでは学生を受け入れる企業や地域があります。単なる教育プログラムであれば、そのプログラムの中に受け入れ先は入っていません。大学が受け入れを依頼し、それを承諾した企業や地域が受け入れることになります。

　ただ、どういった理由で受け入れるにしても、学生の受け入れそのものは先方にとって負担になります。その負担に見合うメリットという考え方では、受け入れ先側でズレが生じます。インターンシップが人材確保につながらない、受け入れ担当者（部署）の負担が増える、学生のプロジェクトへの貢献が不十分だといった問題が生じます。そうした問題を抱え込むことができる企業にとってはメリットが多いかも知れませんが、そうでない企業や地域にとっては、なぜ、大学の教育に協力しなければならないのかに対する答えは自明ではありません。それゆえ、HoISは教育プログラムを超えた学び合いのプログラムであり、上記の負担問題を克服する可能性をもっているとも言えます。

　学び合いの基本となるのが、受け入れ先から提出されるインデックス

(INDEX)、学生が作成するプロジェクト・プラン・シート（PS）のやり取りによるプロジェクト化のプロセスと、その間の面談です。

インデックスとPSとは互いの自己紹介のようなもので、教員とスタッフ（大学側）とコーディネーター（受け入れ側）が仲人のような立ち位置で、マッチングに向けて進んでいきます。

《図表4-32》ハンズオン・インターンシップ（HoIS）の枠組み

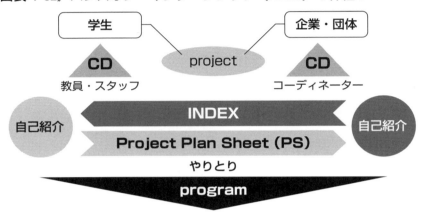

HoISは「学びのある」プログラムですので、関係者全員に負荷がかかります。まず、受け入れ先はインデックスを作成しなければなりません。インデックスとは、企業情報のようなものではありません。創業の経緯、事業目的、企業理念、事業の特徴（構成）、現状と課題、将来展望、現在取り組んでいることなどをA4二枚（見開き）程度を目処にまとめたものです。写真やロゴなどを盛り込むなど、受け入れ先ごとに工夫したインデックスができあがります。

このできあがりのプロセスにこそ、受け入れ先側の学びがあります。そもそもHoISに参加するかの検討から始まって、誰がインデックスを書くのか、何を書いていくのかなど考えなければなりません。インデックスはコーディネーターから提示されるものですので、受け入れ先の内部だけではなく、「仲人」の視点からみた受け入れ先の姿も反映されることになり

ます。大学側からみれば、学生の読み込みに耐えるインデックスになっているかがポイントになります。

インデックスが出揃ったタイミングで、PJ説明会を実施します。学生にとってはここからスタートになるわけですが、受け入れ先やコーディネーターにとってはすでに中間地点に差し掛かっているという感覚です。

PJ説明会のあと、学生はプロジェクト化に向けて、PSを書き始めます。説明会に参加した学生全員が書き始めるわけではありませんが、PSをどのように書いていくのかといった相談からスタートする学生もいます。

PSはAからEの5つに分かれています（実際には、作業Fを含みます）。PSはどこから書いてもよいですし、学生は書きやすいところから書いていきます。模式図は一枚にしていますが、それぞれ書き込んでいくと全体で数頁に及びます。

《図表4-33》プロジェクト・プラン・シート（PS）―インデックスとの関係

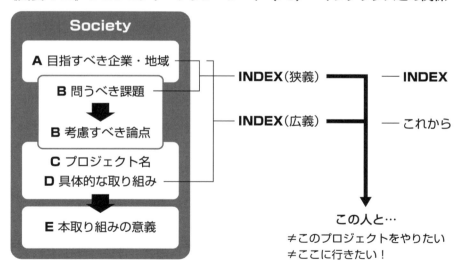

前提となる作業はインデックスの読み込みです。ネットなどで受け入れ先について調べてもよいのですが、受け入れ先が「私たちはこういう企業（地域、団体）だ」と書いているものを読み込むことが一番の近道になります。読み込んだ限りで、その受け入れ先はどのような企業であるのか、どのような企業であるべきなのか、といった書き手の理解を示します（「あるべき姿」の提示：A）。もちろん、知識としてはまったく不足していますが、自分の理解を提示するという作業は、自分の考えや意見を述べる前提の作業として重要です。

　ついで、「あるべき姿」を実現するために問わなければならない課題を列挙し、その中からさまざまな制約条件や実行可能性を考慮した上で抽出した論点を提示します（課題の棚卸しと考慮すべき論点：B）。

　その論点に沿って具体的に何をしていくのかをプロジェクトとして考え、プロジェクト名を付し（C）、具体的な取り組みを書き出していきます（D）。最後に、本取り組みの意義（E）をAとすり合わせながら検討していきます。

　以上を学内面談、コーディネーターとの面談、受け入れ先との面談というプロセスで進めていき、受け入れ先と合意できたプロジェクトを行っていきます。PJ説明会から受け入れ先決定まで約2ヶ月、インデックスの作成からみれば5ヶ月を経て、インターンシップが始まります。インターンシップ本番の期間は約一ヶ月半でその間、現地に入る日数は受け入れ先によってまちまちです。

　上記のプロセスの間、本番の前後に事前学修会と事後学修会を実施します。個々の受け入れ先に行く学生は2名程度であり、仮に同じところに行ったとしてもプロジェクトは異なります。事前・事後学修会は、それぞれのプロジェクトや受け入れ先の紹介になります。特に、事後学修会では、受け入れ先側の人間としてインデックスを書けるところまでいきます。

　HoISはあくまでもインターンシップを包む枠のようなものです。教育プログラムとしての実質、PSを書くプロセスに集中的に現れます。インターンシップでの経験はかけがえのないものです。その経験を学びにするために教育プログラムというラップをかけたわけです。

とは言え、PSを書くプロセスは困難を伴います。このプロセスを授業としてどのように運営していくのかは、運営体制を含む、運営側の力量によります。

　関西学院大学では、教員とスタッフ、HoISを履修済みの学生、ハンズオン・ラーニングを経験したことのある学生が履修生のPS書きをサポートしていきます。PSという形に表現される考え方の説明から、みんなでインデックスを読み、私ならこのように書くといった相談までさまざまです。HoISに参加する受け入れ先、コーディネーター、学生は毎回異なります。同じ受け入れ先でもインデックスは変わります。毎回、インデックスを読み、履修生だけではなく、教員を含む「スタッフ」でPSを書き上げるところまで付き合います。

8-2　高大連携プログラム ── One Night Dialogue

　汎用性のある学び合いのプログラムであれば、高校生ともできるはずという発想から生まれたプログラムです。

　高大連携プログラムは、もともとは広島県の江田島と呉をフィールドとして実施している「社会探究実習」（以下、江田島FW）の中で呉三津田高校との合同授業の「延長戦」として始まりました。実習はインタビューが中心になるのですが、江田島FWの場合、授業テーマは「平和」です。高齢者の方々に戦時中の体験を聞くというスタイルではありますが、「平和」について学び合うという要素を入れるべきだと考えていました。高校側でも、2学年において通年で実施する新しい探究学習を模索しており、双方のプログラムの接点として合同授業を実施してきました。

　江田島FWは、ヒロシマを少し引いたところからみる、というコンセプトで冬期に実施しようと始めたものです。8月に実施する（広島市内のみをフィールドとする）プログラムとは少し異なるアングルで平和を考えてみようというプログラムです。

　さて、合同授業は、大学生が話題提供し50分の「授業」を行います。

学生も時間的な制約がある中で授業を行いますので、意見交換、ましてや学び合いにまでもっていくのは大変です。2022年度（2023年2月）、高校側と協議し、合同授業を実施した日の放課後の時間を使って「延長戦」を実施してみました。当初は、途中でレクリエーションでも準備しておかなければ間が持たないかも知れないと思っていたのですが、結果的には、会場の利用時間いっぱいまで議論が白熱しました。

　これを受けて、2024年2月、大森（島根県大田市）で、第一回の「One Night Dialogue」（OND）を実施しました。参加校は大学が2校（10名）、高校が6校（30名）でした。初日12時にスタートして翌日12時に終わる、という24時間のプログラムです。2024年9月には岩見沢東高校で第二回を実施しました。第一回のテーマは「豊かさ」、第二回は「幸せ」でした。

　本番の二ヶ月前までに、大学生からアブストラクト（第一回）を提出し、高校生はコメントや感想を返します。本番1週間前に、大学生は改めてアブストラクト（第二回、ファイナル）を提出し、高校生はどの学生の話を聞きに行くかを決めます。

　人数によってやり方は若干異なりますが、基本的に「高校生がこの大学生とテーマを深めたい」ということを決め、大学生一人に対して高校生数名でグループをつくります。

　本番のスケジュールは、オリエンテーションのあと、大学生がブース形式でアブストラクトをもとに話題提供（「授業」）を行います。高校生はアブストラクトを参考にいくつかのブースをまわり、この大学生と議論してみたいという希望を、その理由を付して募ります。その希望をそのままかなえるわけではありませんが、希望理由などをもとにグループ分けを行います。ここで言う希望とは、私はなぜこの大学生と議論しなければならないのか、というものであって、この大学生と議論したい、という単純なものではありません。グループ分けのあとは、そのまま最後まで同じグループでワークを続けます。二日目の10時から意見交換を実施して終了、という流れです。

　ONDの成果はエッセイ集としてまとめています。レポートや論文のよ

うに形式が決まっている文章ではなく、24時間の中で、自分が考えたこと、経験したこと、自分たちが考えたこと、経験したことを限られた字数の中で表現してみるということです。

　「幸せ」になりたい、「豊か」になりたいに留まらず、幸せとは何か、豊かさとは何かについて深く深く考え、自分の意見を通すのではなく、自分の意見の妥当性を探りながら私たちの考えをまとめていきます。その過程で漏れ落ちてくるものの中から、私自身はこのような考え方をしているというものを削り出していき、グループワークと個人のトレーニングが、単に考えるだけではなく、考えを表明し合うという形で実現していくことになります。正しいか否かはわからないが、自分の考えの精度をあげることはできる、という経験になります。

　江田島FWの合同授業もそうですが、大学生は年齢の近い高校生とワークを行うことで否応なく学び合いの中に飛び込むことになります。プログラムには、スタッフとしての教員や引率の教員、このプログラムに関心のある方々など、さまざまな「大人」も参加します。ONDでは、最初のインストラクションにおいてオリエンテーションを行うほかは、「大人」は発言及び介入禁止です。

　意見交換の際に、「大人」も参加者の一人として、意見交換の輪に入ります。そして「大人」もエッセイを書きます。

　ハンズオン・ラーニング・プログラムの汎用性はその単純さにあると思っています。個々のパーツも、組み合わせ方もなるべく単純で、新たな状況に即してどのようにも組み換えることが可能なものにすべきでしょう。そのような環境を整えるというと耳触りはよいのですが、学び合いは学び合いの中でしか生まれません。ハンズオン・ラーニング・プログラムがプログラムとしても、科目としても、授業としても意識されないほどにまで透明度が増していけば、そこに集う人びととの学び合いの中でハンズオン・ラーニングは続いていくでしょう。

[参考文献]
モーティマ・アドラー、チャールズ・ドーレン（1997）『本を読む本』（外山滋比古、槇 未知子 訳）講談社学術文庫
ハンナ・アーレント（1994）『過去と未来の間』（引田隆也、齋藤純一 訳）みすず書房
石田雄（1984）『日本の社会科学』東京大学出版会
石田光規（2022）『「人それぞれ」がさみしい』ちくまプリマー新書
内田義彦（1985）『読書と社会科学』岩波新書
ミヒャエル・エンデ（2007）『自由の牢獄』（田村都志夫 訳）岩波現代文庫
木本浩一（2022）「高等教育における2つの評価」『関西学院大学高等教育研究』12
丸山真男（1961）『日本の思想』岩波新書
文部科学省・厚生労働省・経済産業省（2014）「「インターンシップの推進に当たっての基本的考え方」の見直しの背景及び趣旨について」

第5章 コメンタリー

1

ケースとしての方法

　ラーニングは学んでいる本人も想定していなかったことが起こります。だからこそ、経験学修と呼べる側面をもっています。本人を含め、想定している成果を求めてしまえば、「白い黒」といった形容矛盾になります。

　それゆえ、プログラムは、後手に回ることが基本になります。これまで述べてきたことは、授業内の具体的なインストラクションを含め、ほぼすべて後手に回りながら考えてきたことです。

　何かをすれば必ず、それが響くものであればあるほど、仕掛けの想定以上のことが起こります。しかも、その響きは、反発や抵抗、勝手な解釈、過剰な同調など決して仕掛け側で「よい」と想定した反応ばかりではありません。

　それらすべてを想定することはそもそも無理ですし、それを想定内に収めようとした瞬間に学び合いではなく、「学ばせるプログラム」になってしまいますし、さまざまな形で学び合いに関わっている人たちに協力させるプログラムになってしまいます。

　そうした意味で、ハンズオン・ラーニングの授業は一般化できるところは最小限に留め、単純にしています。仕掛ける側が、それぞれの場で、学生や生徒、スタッフ（ハンズオンでは、職員のことをスタッフと呼びます）を始め、プログラムに関わる人たち全員にとってよいプログラムとは何かを考えていかなければなりません。

　ハンズオン・ラーニングがハンズオン・ラーニング的であるために大切にしなければならないことには、プログラムであるが故に一般化せざるを得ないこと、関係者が複数かつ多様であるために全員での合意は難しいこ

と、それらは時間の推移とともに変化していくことなど、さまざまあります。こうしたことに留意しながら、「ノウハウ」をプログラムとして蓄積していくしか方法はありません。

　「入門」のリコメンや全体会という「やり方」も、ビブリオやスタッフミーティングをもとに考え出したものです。そうした「方法」は、スタッフや関係者の中に蓄積されてきたケースとしての方法です。蓄積の中には、さまざまな理論、参考にしてきた事例、雑多な経験などが含まれます。それらを自らの「方法」にできるかは、単なる応用ではなく、それらをどのように読み込み、翻訳するかにかかっています。

2

運営体制
── 多段かつ多彩なレイヤー

　先ほど、スタッフという話をしました。制度上、担当教員がいて職員がいるという仕組みがあります。そうした仕組みの中で与えられた職務を遂行するという枠組みの中では、ラーニングどころか学び合いは起こりません。そうした職務をミニマムにしつつ、学び合いの一員として時間や労力を費やしていくところにこそ、スタッフとしての醍醐味があります。

　実際、プログラムでは、レイヤーという運営体制を基本にしてきました。レイヤーとは学年や職階による階層構造ではなく、経験の差による関係です。フォーマルな関係で言えば、教員と履修生という関係のみですが、その他にどれだけ多くかつ多彩なレイヤーを作れるかが、プログラムを運営

していく上ではキーになります。

　学内で言えば、学生間、学生と教職員、教員と職員にレイヤーがあります。学生間では、ⅠとⅡがある科目の場合、Ⅱの履修生にはⅠの履修生のサポートに廻ってもらいます。これはレイヤーというよりもⅡの履修生の学びのためです。同様に、業務上、教員や職員が学生からの相談を受けることもあります。その他、学生もラーニング・アシスタントのような制度的な枠組みで履修生と接することがあります。

　レイヤーとは、そうした授業の構成、業務、制度などの枠組みを超えたところで発生する支援や学びです。発生すると言えば聞こえがいいのですが、実際には、先生には直接相談しにくい、言いにくいからスタッフに声をかけた、この内容だとAさんに話した方がいいと思ったなどさまざまです。

　授業を公開し、空きコマなら授業を見学に来ないか、昨年やったワークを今年もやっているので、のぞきに来ないかなどといったかたちで履修済みの学生に声をかけたり、スタッフにはスタッフ・ディベロップメント（SD）として見学を促したり、担当者に授業の進捗状況を把握してもらうために授業に帯同してもらったり、さまざまな関係をつくりながら、コミュニケーションのためのチャンネルをつくります。

　レイヤーには「厚いとき」と「薄いとき」があります。これは単に履修生の多寡ではなく、学外での活動への関わりによっても変わってきます。授業や科目間での連携だけでは学内に留まってしまいますが、プログラムレベルでは学外での活動を奨励しています。授業をきっかけに学外の方々と接点をもつことにルールのようなものは設けていませんが、活動しやすいように、学生団体（HoL+、ホルプラ）もつくりました。

　授業から派生した活動なので、スピンアウトと呼ぶ場合もあります。あくまでも授業をきっかけにした活動であり、大枠では必ず教職員が責任をもてるような体制をつくっています。

　レイヤーに関して言えば、ポイントになるのは教職員の協働体制です。教員、職員は担当者だけでなく、なるべく授業に顔を出すようにし、面談がある授業の場合、公式・非公式の打ち合わせを行いながら、学生やクラ

スの状況を共有します。この共有がなければ、上記のように学生が問い合わせや相談に来た際、教職員が勝手な対応をしてしまいます。足並みを揃えるということではありませんが、このような質問があったのでこのように答えてみた、ということを共有します。その答えの是非ではなく、どのように答えようかというところに学び合いがあるという認識です。

　職員が単なる職員ではなく、教育に関わるスタッフとしてどのような仕事ができるのか、という探究は、組織としての教育力の土台をつくることになります。スタッフの教育力が増してくるということは、教員が教員としてやるべきことが鮮明になってくることにつながります。

　例えば、フィールドワークの際に、「専門的にはこのようにやってきた」という発言をした場合でも、スタッフから「一年生にとってそれを求めるのであれば、もう少し事前学修時のインストラクションをわかりやすくというよりも、はっきりさせた方がよい」、といった意見が出されました。研究者が単に研究の援用ではなく、それを背景としながら教育をしていく場合、スタッフや学生からのコメントは非常に有益です。

　もちろん、このような教職協働の運営体制を構築するには全学的な合意と熱意が必要です。幸い、ハンズオン・ラーニング・プログラムの場合、スーパーグローバル大学支援（SGU）事業であったということもありますが、補助事業に合わせて間に合わせでつくった体制ではなく、連携授業からの流れ・関係の中で模索してきた理念の具体化であったため、円滑かつ効果的な運営ができました。

　仮に、このような体制を構築しようとする場合には、全学の共通プログラムにするのであれば全学において、学部レベルで実施するのであれば学部において、全学をあげて、学部をあげて取り組む必要あります。たとえ科目群として一部にしかみえないとしても、大学や学部の基盤に据える形でプログラムを構築し、併行して、教育スタッフの育成プログラムなどと連絡させることで、より充実したプログラムができるでしょう。

3

さまざまなケース
── 誰にとって何が困るのか

3-1 出来事

　授業の中ではさまざまな出来事があります。「触れる」プログラムです。あるのが普通です。やれやれと思うこともありますが、それらに対応していきます。対応というしかないのですが、その際に注意すべきことが3つあります。

　第1に、対応しすぎないことです。さまざまな出来事 ── ケース ── に対応しながら、それらを方法として蓄積していくと述べましたが、その方法はマニュアル的に精緻化していくものではありません。スタッフは学生やクラス、地域や企業の状況に応じて、授業を運営していかなければなりません。注視すべきはマニュアルやチェックシートではなく、そうした状況です。そうした状況に対して、私は「このように考える」という意見を持ち寄り、判断し、具体的な「対応」をします。

　第2に、解決も解消もないということです。何らかの対応をすることによってホッとする ── 解消する ── こともあるでしょうが、状況も変化します。例えば、クラスの中で遅刻者が多くなってきた際に、遅刻してはいけないというインストラクションが、結果的に、遅刻しさえしなければいいという雰囲気をつくってしまう場合があります。面前にある困りごとに対応したがために、クラス運営としては円滑になったものの、学び合いという理念は吹っ飛んでしまいます。授業はPBL的に運用できません。

第3に、立場は同格で、異なります。逆ではありません。「学生は」「子どもたちは」とか、「何々株式会社の方々にお越しいただいた」などと、自らの対人関係における価値観を持ち込む人がいます。授業において、学生に属性を持ち込むなと言っているわけですから、スタッフ側ではそうした言動は厳に慎むべきです。それができないという方はトレーニングし、スタッフとしての技能を磨いてほしいと思います。一方で、学生や地域、企業の方に阿る必要もありません。学び合いのプログラムに参加し、学び合いましょうと言っているわけですから。その上で、それぞれの持ち場 ── 立場 ── でやるべきことをやりましょう。

　ハンズオン・ラーニング・プログラムは、関係のうえに、できれば学び合いという関係をもう一つ積み上げてみませんかという提案です。契約や委託、協力の依頼という形で関係をつくりだすだけではなく、端緒的にできあがった関係を充実させながら、その関係を「学びのある関係」にしていこうという試みです。

　さまざまなケースにおける対応が学び合いの当事者にとって意味のある対応になるためには、何らかの暫定的な枠組みが必要ですし、その枠組みを常に当事者間で確認し、更新していくことが基本になります。当然、そうした枠組みを超えることもありますが、最初から、包括的かつ超越的な対応を可能にする取り組みを目指していては、対応すべきことは無限になり、担当者にとっては対応こそが仕事になり、モグラたたきのように忙しない「負担」になってしまいます。その負担を軽減するために、予め想定した枠組みを相手 ── 地域や企業 ── に押し付けたり、学生や生徒に対しては負担にならない程度の枠組みのなかでプログラムを運営したり、ではラーニング・プログラムとして自己否定になります。

　以下では、基本的考え方や準備に収まりきらなかった場面や事例と、それへの回答とコメンタリーを紹介します。

3-2　ケース ── 学生編

❶ はじめに ── 学生からの苦情・悲鳴

　授業をやっていると、学生からはさまざまな苦情や悲鳴が聞こえてきます。ビブリオや口頭で直接伝えられることもあれば、スタッフから間接的に言及されることもあります。

　リコメンのときにも述べましたが、教員の立場で言えば、基本は直接かつ反射的に対応しないということです。そうした対応の要不要を含め、個別の学生やクラス、授業全体でどのように対応すべきかを教員間、スタッフ全員で検討します。苦情や悲鳴であったとしても、その出来事が誰にとって、何を意味するのかを慎重に見極めることが大切です。

❷ 負荷と負担

　学ぶとはいえトレーニングなので学生には負荷がかかります。負荷をすべて負担に読み換え、ひたすら負担をなくす対応に専心していけば負担も不満もなくなるでしょう。そして、授業もなくなります。

　私を含め誰しも面倒なことをやりたくないという気持ちをもっています。しかし、その気持ちは生きていれば誰もが抱くものであって、わざわざ大学生や大学の教職員の行動基準として採用する必要はありませんし、そうした対応でよしとすることは、学生や生徒を深いところで馬鹿にしていることになります。そのような対応によって、学生に対して同格の位置に立たないという姿勢はラーニング・プログラムに相応しくないということです。

　負荷は自らが課すものであって、誰しもが被っている重力のようなものではありません。そもそも論にはなりますが、なぜ、大学にいるのか、この授業をなぜ履修しているのか、といったことを自らに対して問うことができ、その答えを自分なりにもつことができるようになってもらわなければなりません。

　大学に入ろうとしたのか、授業を履修しようとしたのか、といった過去の話ではありません。いま、ここで何をしているのか、ということです。

負荷の軽重ではなく、負荷の意味づけをできるようになるだけでも、むやみに我慢したり、いたずらに負担軽減に邁進してみたり、ということはなくなります。

　授業の仕立てとして、多くの場合、ペアやグループのワークに負荷をかけています。本が読めない、議論ができないといったことによって、ワークの中で負担というよりも負い目に感じる学生も多くいます。

　そのため、グループやペアのワークの成果とワークを通じた個人の成果とは分けて、後者に重きを置きます。前者中心に進めていくと、その成果は満足や達成感のなかに解消されてしまい、負荷や負担といったテーマの存在すら気づかないままになってしまいます。ユニットのところでも述べましたが、運用上、グループやペアを対象に授業を進めますが、知的基礎体力を実感しつつ身につけるのは個人です。

　そうした意図から、授業の目的の一つにグループマネジメントというテーマを含めています。ワークの進め方そのものを話題にすることによって、成果を出しておけばいいという思考にブレーキをかけます。いわゆる成果主義であれば、ワークやグループの状況は不問にされます。

❸ 役立つ授業

　知的基礎体力をつけよう、考えるを鍛えよう、というプログラムは基本的に何の役にも立ちません。何かに役立てようとしたときに発揮される力だという言い方もできますが、ハンズオン・ラーニングでは少し違う言い方をしています。一般的に言えば、「役に立つ論」は、「役に立つことは何の役に立つのか」という問いに答えない、ということを前提にしなければ成り立ちません。

　さて、何かに役立てようとしたときに発揮されると言いましたが、その何かが自分にとって明確でなければ発揮しようもありません。自分にとって明確に、は非常に難しい作業です。

　自分探しではありません。何かに向き合っている自分に向き合う機会に出会うということです。その何かが自分の経験や興味関心の枠の中に留ま

っている限り、せいぜい20年程度の年月で培ってきた世界の中で生きることになります。自分の興味関心の有無ではなく、それらをいったん横に置いておいて、自分はそんなことにも関心を持てるのか、没頭できるのかという経験を積むことです。

　これは学生の責任というよりも、大人の責任です。役立つことにだけ触れるスマートな生き方をしてきた学生に対しても、その「役立つこと」が役立つのはあなたからみえている世界だけであるし、多くの場合、それは大人があなたにみせてきた世界です。

　今の大人が、自分を含め、これからどのような世界になるのかに対して明確なビジョンと責任を負う覚悟があるのか、その世界に対してきちんとオープンな形で後の世代に可能性を残しているのかは疑問です。

　たまたま上手くいっている人にとっても、実は漠然とした不安を抱えながらそのままでいけるか否かを試すだけではなく、これから生きていく自分のために、いま一度、基本的なトレーニングからやり直してみようということです。「こなせているから何とかなる」は、何とかなっている間だけだということは、誰よりも自分がよく知っています。

　次に、それらを活かす際に必要になります。専門を学ぶ場合や、実際に何かに取り組んでいく際に深いところに入っていった場合、基盤となる力が必要になります。基礎的な力というよりも、舞い戻る場所のようなものです。

　野球で言えばキャッチボール、多くのスポーツにとってはランニングのようなものです。一流の選手であれば、自分の競技種目の基礎だけではなく、もっと基本的なところにチェックポイントを置いています。スランプになったときに、どこまで戻って自分の状況をチェックするのか。例えば、キャッチボールやランニングに戻って確認するという感じです。

　スキルアップ的なことだけでは、目先のものを追い求めていくキャッチアップばかりでその過程で自分の中に蓄積されたものを活かすことができません。もちろん、キャッチアップの成果として他者から評価され、活用されるということもあるでしょう。活用されるように生きていくのか、自分なりに活用する場面を想定してトレーニングを続けていくのかは大きく

異なります。

　最後に、もう少し限定した場面を想定して言えば、学びのオーダーが出せるようになるという意味で「役立ち」ます。自分にとって何が役立つのかがわかるようになることは、何よりも「役立つ」授業なのではないでしょうか。

　これまで、進学や就職にとって役に立つ、と他者から言われ続けてきた世界の中で、自分が自分にオーダーを出せるようになることは素晴らしいことです。「このスキルが足らない」、「どうにかこなせているがこのままではダメだ」という認定が自分でできるようになるということを含みます。

❹ 何を言っても否定されるのか

　学生が「否定される」と受けとる場面には「入門」のビブリオ、「実習」や「演習」のテーマ相談、ハンズオン・インターンシップの面談があります。教員にまで聞こえてくる話だけなので、ワークの中や授業外のやり取りの中で生じている場面についてはスタッフからの公式非公式の報告によるもの以外、手がかりはありません。

　ビブリオの場合にはリコメンやスタッフによる個別対応になります。テーマ相談や面談では、否定する側が学生やスタッフである場合も多く、一概に否定したことが悪いとは言えません。

　対応の基本は、良し悪しの評価や判定ではなく、「何が起こったのかについての理解」です。この理解に当該の学生を含めなければなりません。例えば、「何を言っても」という表現について、「すべてなのか」という問いかけをしなければなりません。

❺ 学外で合同授業をやる意味がわからない

　ハンズオンでは、複数のクラスで授業を実施することが多く、授業全体のプログラムは合同授業という形で実施します。また、複数キャンパスのまたがっている場合、そうした機会が複数あれば交互に行き来するというやり方もありますが、一度しかない場合には、キャンパス外で実施するこ

とがあります。

　その場合、ほぼ、全員からなぜキャンパス外で実施するのかという不満が出てきます。「まっとうな不満」とは、なるべく「全員が抱くことのできる不満」であるべきだと考えています。いずれかのキャンパスで実施することによって、当該キャンパスの学生からは不満は出ませんし、履修人数の多寡によって決めてしまえば、そのキャンパスでやることは多数決による決定を、あらかじめ含んでしまうことになります。

　実施場所についての話は、負荷というよりも負担になる場合があるので、ある種の平等原則を貫く方がよいでしょう。みんなが不満を抱いている状況は、仕掛け側にとって心地よいものではないかも知れませんが、納得可能な判断だと思います。負担は平等に、負荷は個人に。

　意味がわからないということについては、わかってもらおうとは思いません。なぜなら、意味があると決めるのは自分であり、自分なりに意味づけをしているからこそ履修を続けているわけです。また、合同授業がクラスではなく授業単位で実施すること、授業は基本的に公開で実施しており、合同授業だからこそキャンパス外で実施することに意味がある、ということは了解可能だと考えるからです。

3-3　ケース──スタッフ編

　困りごとは学生だけではありません。教員やスタッフもいろいろと困ります。学び合いの中ではいろいろな出来事に出くわします。「そこに学びがあります」、などと言えば聞こえがよいのですが、実際にはかなりシビアな場面にも出会います。

　大前提として、大学が学びのある教育の母体であろうとするのであれば、長期的な方向性としてしっかりとそうした方針を打ち出していけばよいことです。また、職員組織や教員間の関係のあり方なども、その方針のもと具体的な取り組みをやっていくことが基本になります。

　実際、ハンズオン・ラーニングセンターでは、教職協働を基本として運

営しており、職位や雇用形態に応じて職員のトレーニング（SD、スタッフ・ディベロップメント）プログラムを構築していました。もちろん、この点は教育に携わる職員のあり方に関わる部分であり、学びのある大学が学びのある職場を率先して構築していくことに何ら違和感はないという考えを基本としています。

　また、学生に対しても学びのある授業を求めているという前提で接しています。私自身がそうした学生生活を送っていたかと言えばはなはだ疑わしいのですが、本音では何もせず単位が修得でき、そうした意味で役立つ授業が歓迎されるという教員と学生の共犯関係は限定されるべきです。単位の実質化という議論の中で、単位制度にのみ固執する大学のあり方が続く限り、こうした共犯関係は悪しき解決策として残っていくでしょう。

❶ 学生の動きと対応

　さて、問題は、長期的な課題であったとしても、制度や組織を改変しただけでは対応できない場面や次元での出来事です。

　まず、フィールドでの学生の動きとトラブルがあります。ハンズオン・ラーニングのフィールドワークでは関係づくりとインタビューを基本にしています。たとえインタビューがうまくいかなくとも、関係づくりができ、関係づくりこそ重要だと気づくことによって、学生のフィールドへの入り方が変わってきます。

　もちろん、関係づくりができないまま、インタビューができないという状況で立ち止まる学生も多くいますし、関係づくりのまえにインタビューという名の情報収集に勤しむ学生もいます。

　学生の動きをすべて把握する必要はありませんが、活動報告を受けて、教員とスタッフによるフォローアップの訪問は必要です。ここでも後手の動きが重要です。

　訪問の場では、お叱りを受けることもありますし、学生の訪問やテーマを材料に、学生を受け入れることの意義についてわれわれから改めて説明をしたり、申し入れを行ったりすることもあります。

仮に学生が関係を構築できていない状況のもとでも、われわれ自身が学生の訪問をきっかけに地域の方々と関係を構築していかなければなりません。こうした動きが、準備段階でキーパーソンとの交渉でつくってきた上からの関係とは別の、下からの関係構築につながります。

　学生のことばかり述べてきましたが、われわれからみて問題なくとも、地域にとって気をつけるべきこともあります。例えば、難しい関係にある方々にインタビューしたことが関係者の関係をこじらせてしまうようなことはあります。地域に入る、学生を連れて入るということはこういったことにも配慮しておく必要があり、実際それらを念頭に置いて教員とスタッフは動かないといけない、ということは肝に銘じておくべきです。

　以上について、いわゆる「マナー」の次元で対処すべきという考えもあるでしょう。しかし、マナーやルールでやってしまうと、それらを守ったか否かというといたちごっこが始まります。何をマナーにすべきかということを含めて、ワークや面談での素材としてプログラムの中に盛り込むことで十分です。

3-4　学生のタイプ

　学生をタイプ分けすることは、タイプ分けそのものが目的になるのであれば、厳に慎まなくてはなりません。

　しかし、クラス運営上、スタッフのコミュニケーションツールとしては有効です。学生に対してタイプ分けしてはいけないのではなく、学生を向き合う際に自分のもつ直感的な先入観をはっきりさせようということです。その直感的な ── 先入観的な ── タイプと、学生と接する中で理解したものとを付き合わせて学生のタイプを「つくって」いきます。まったく白紙の状態で学生に臨むことはあり得ません。白紙のふりをするよりも、自分の先入観を明確にした上で学生と向き合うべきです。

　当然、そのままでは単なるタイプ分けやラベリングに終わってしまいますので、教員、スタッフ間でそれらを持ち寄って議論することは必須です。

つまり、一連の作業は、学生を勝手にタイプ分けするのではなく、学生と接する中でわれわれ自身の接し方を更新するための作業になります。この作業を怠ってしまうと、仕掛け側のもつ学生に対するステレオタイプが固定化されてしまいます。個々人の営みや心がけではなく、仕掛け側のチームとしてのノウハウを蓄積することができます。

以上のような意味で蓄積された学生のタイプにはいくつか典型的なものがあります。いくつかのタイプを紹介してみましょう。

まず、成功体験にせよ、失敗体験にせよ、高校までの自分に固執するタイプです。いまの自分から逃げ続ける学生とでも言うべきでしょうか。例えば、ジムに来ていよいよトレーニングするという段になって、昔の自慢話や失敗談を延々と続けて、トレーニングをいつまでも始めないという感じです。

その言い分けはさまざまで微笑ましいものもありますが、本人の思考の中でパターン化しているものについては、きちんと指摘してあげる必要があります。例えば、「理系なので本を読んだことがない」、「現代国語が苦手だったので本が読めない」、「日本人って論理的に考えるのが苦手ですよね（一般論で自分の言動を説明する）」、などと自分のことを説明するような場合です。ここには、「説明している自分」と「説明されている自分」という、二人の自分がいます。説明されている自分は萎縮している場合が多いので、説明している自分に対して「ちょっと黙っていろ」といった注意が必要です。ダメな自分を痛めつけることによって、ダメでない自分をアピールしてしまうようなクセをつけてしまってはトレーニングになりません。もちろん、その注意を誰がどのように伝えるのかは、タイミングを含め、スタッフ間の協議が必要です。

以前は一般入試で合格した学生の多くが、これまでやってきたことと違いすぎて戸惑うと言っていました（そうした学生への対応の一つとして例示的に考え出したのがタイプAとタイプBです）。最近では、高校での探究プログラムの普及によるものなのか、課題解決という狭い枠から抜け出せない学生がいます。探究に関しては、前にも述べたとおり、高校が大学

化したり、大学が高校化したりするのではなく、高校と大学の7年間を見据えたプログラムにしていかなければ、学生はその都度、大学っぽいことや高校の延長で成果を求められてしまいます。その上で、大学としては、そうした探究と研究との関連を明確にしていかなければなりません。

「考える」を「考え方の修得」に読み換えてしまうことは非常に危険ですし、学生たちにとってはもったいないことです。調査ができない状況で「調査のようなこと」をやることは、もし研究など専門性を追究するための足枷になるだけでなく、地域の人たちにとってはいわゆる調査公害になってしまいます。

フィールドワークや学外の活動が多いプログラムでは、活動そのものに充実感や達成感を覚える学生もいます。こうした学生に対してはトレーニングとしてはまったく不十分であることをくり返し伝えなければなりません。また、高校にせよ、地域や企業にせよ、このプログラムでつながっている方々と活動を充実させていくためには、自らがプログラムを体現できるほどにトレーニングを積んでいかなければならないという自覚を持ってもらう必要があります。

そして、何度か触れましたが、許諾を求める学生がいます。「考えてもいいですか」という学生です。いいよと応えて羽ばたいてくれるならよいのですが、許諾を求めること自体がクセになっている場合、突き放すことも必要です。

3-5 ケース ─ テーマ相談や面談

学生にとってフィールドワークのテーマ相談やハンズオン・インターンシップにおける面談は、ハンズオンの負荷を体感できる場面です。教員やスタッフにとっても、負荷のかかる場面であり、腕の見せ所です。

テーマの良し悪しは、結局は現場に行ってみなければわからないわけですが、共有可能性やその妥当性を吟味できないままのテーマでは、インタビューや授業はできませんし、せいぜい仮説検証のような調査を実施する

だけに終わってしまいます。

　テーマ相談や面談の多くは、授業経験のある学生や教員以外のスタッフが行います。学生と教員の間のクッションをつくることによって、スタッフ（学生やスタッフ）のオプションを確保します。つまり、教員と履修生という関係のみでは、伸るか反るかといった事態に至ることも多く、せっかくチャレンジしてみようとした学生が萎縮したり、よい面を見せることができる学生を見逃したりしてしまうことになります。

　スタッフと学生のやり取りの中で出てくる場面やケースを列挙してみましょう。

❶ 最初で躓いている場合

学　生

「面白いポイントがわからない。共有可能性というと簡単ですが、自分が思っていることが果たして地域や企業の方にとって面白いのかがわからない」

》スタッフ

　一言でも一行でもよいので、学生に使った言葉に近い言葉や概念を使って、学生の話した（書いた）ことをなぞってみましょう。もし、こだわっているところ、譲れないところ（や言葉）があれば、そこを手がかりとして話してみます。その上で、「ここは面白いと思って聞いていた」と伝えます。「そんなこと言ってましたか」という反応をみながら、「そう言ってたよね」という形で学生自身が思っていることの輪郭をはっきりとさせていきます。

学　生

「いろいろ話すことはできるけれども、自分の考えていることがわからない、まとまらない」

》スタッフ

　決してスタッフ自身の考えを伝えてはいけません。特にスタッフがま

とめてしまうと、その話に乗ってきます。聞き役に徹し、まとめざるを得ないと自認するくらいにまで話を拡げていきます。

　話せることと、考えていることは違います。話していたことをふりかえり、こういう話をしていたけれども、そのときどう思っていたかなどを尋ねます。メモの話を聞いたことがある学生であれば、メモと同じだ、とも伝えます。

　もちろん、何がわからないか「わからない」という場合もあります（行き詰まり）。沈黙が長く続く場合もありますが、本人が話した一言、一文で言葉遊びをしてみます。こちらから新しい文章やたとえを出し過ぎるのは逆効果で、あくまでも本人から出てきたものを素材とします。

　思考の素材になるのはあくまでも自分の思考や言葉です。「棚卸し」と呼んでいますが、いったん、自分の考えていることをすべて出してみて、そこに並んだ素材で何を「つくろうとしているのか」を問います。

　料理にたとえるなら、カレーの材料が揃ったら自動的にカレーができるわけではありませんし、仮にレシピをみながらつくる場合であっても、どのようなカレーにするのかというイメージをもたないまま、つくることはできません。そもそもなぜカレーにするのかという問いに対して自分で答えを出していない限り、カレーをつくり始めてはいないでしょう。

> 学　生

「何のためにやっているのか分からなくなった」

≫ **スタッフ**

　もう一度、なぜテーマ設定をするのかの話をします。インタビューの際、なぜ私はあなたのインタビューに答えないといけないのか、あなたのフィールドワークはこの地域にとって何の役に立つのかといった質問は出てきます。基本的に私たち（学生）には答える・応えることができません。

　しかし、こうしたテーマについて考えることは、あなたにとっても意味があるのではないか、と明言できるか否かが重要です。私とあなたではなく、一緒にこんなテーマを考えたい、だから来ているということを

伝えるためにも、テーマが「私たちのテーマ」になっているかという見極め —— テーマ設定 —— が必要です。

　自分の中で課題解決ではなく、課題以前の問題、問題以前にテーマという根本的なところから考えていることを自分の中でしっかりと納得しておく必要があります。

　テーマは地域で自分を語るときの名刺みたいなものです。

　自分の名刺ですから、自分を語るテーマでなければなりません。

　役立つ話も、かりに自分にわからなくとも、先方に伝える必要はあります。学生自身よりも、このプログラムに付き合う方々にとっての方が、「何のためにあなた方に付き合わないといけないのか」、「付き合って何かあるのか」という疑問が沸いてくるものです。

学　生
「できない状況に焦っている」

≫ スタッフ
　できるか否かという焦り方をしない。そのような焦り方をするのであれば、基本、誰だってできません。上記と同じく、テーマ設定とは何か、テーマ設定をしようとしている自分のことをまず認識します。プライドなどを持ち込まず、「できない自分をわかっているということも大事ではないか」と伝えます。

学　生
「周りが気になって仕方ない」

≫ スタッフ
　気にするなと言っても気になってしまうことは仕方ありません。ただ、気になってしまうということをいったん置いておく、つまりハンズオンでよく言う、棚上げにしておくという練習だと思って、その練習に集中してみるように伝えます。気になってしまう自分を変えることは、長期的には変えた方がいいと思っているかも知れないが、難しいことでしょ

う。

　「気になる」で留まるのではなく、気にすることを通じて、何をしようとしているのかを確認すべきです。その「何」が明確なのであれば、積極的に気にしてみればいいですし、そうでないのであれば、気になることに集中しなくてもいいでしょう。

学　生

「どうやったらテーマを深めることができるのかというやり方を聞きたい」

≫ スタッフ

　まず、テーマを設定しないことには深めることはできません。暫定的でいいので、設定することに集中しようと伝えます。テーマを深めるのではなく、テーマ設定のいい感じか否かを確かめるためにフィールドワークをやるようなものです。「いい感じ」は言えた、話せた（書けた）の中で手応えを得ていくものになります。その感じが掴めるまでは深めることにはなりません。こうやってみたら掴めた、は後からしか言えません。やり方について話ができるようになったら、掴めていると言えるのかも知れません。

❷ ある程度テーマややテーマ設定の話ができる場合

学　生

「テーマとテーマ設定の違いがわからない」

≫ スタッフ

　テーマの良し悪しではなく、テーマ設定できているか否か。もし、これで「いける」という感覚をもっているのであれば、どの辺りに手応えを得ているのかを議論します。

　テーマの良し悪しは、上位のテーマや地域に即して以外では判定できません。そうすると上位のテーマや地域に対する、自らの理解が問われることになります。テクストとコンテクストです。テーマに即してテーマを設定できている場合には、そのテーマが「いい感じ」かという見極

めはできます。

学 生

「「いい」テーマを知っている」

≫ スタッフ

いわゆる調べ学習的なアプローチに慣れている（固執している）場合に多いケースです。慣れている場合にはもう一度大学での学びの話をして気づいてもらう程度でよいでしょうが、固執してる場合、少し強く言う必要があります。

知っていることと考えていることとは違います。テーマを「考える」うえで根拠になるような情報だけ集めてきても、フィールドで話すことがなくなります。つまり、テーマについて話すことができても、テーマを素材としてテーマを深めるようなことはできません。

いわゆる「いい」テーマは人口に膾炙した一般的なテーマの場合が多いようです。そのテーマが、フィールド（地域や企業）にとって、「いい」テーマであるかは、そのフィールドに即して確認してみる必要があります。

学 生

「テーマ相談や面談を重ねていけば、やがてテーマが設定できると考えている」

≫ スタッフ

面接ではありません。面談の回数を重ねれば本番に臨めるといったものではありません。教員や面談（という機会）を使いながらテーマを設定していくだけです。

教員やスタッフは、これでいいという自らの判断を、何を基準に行っているのかという点について注意しなければなりません。教員やスタッフはこのテーマであればフィールドワークができるだろうという、学生ではなく、自分たちの判断の妥当性を問われているのだということを肝に銘じるべきです。つまり、面談を通して、私たち自身の地域や学生の

テーマに対する理解も試されているわけです。

学 生
「この作業に意味があるのか」
≫ スタッフ
　基本的に意味はありません。意味がどこかにあるという考え方は置いておいた方がいいでしょう。自分のテーマにどんな意味があるかを見いだし、そのテーマがどのくらい「いけているか」を本番で確認することになります。妥当性についても同様に、妥当性や共有可能性を巡って面談や現場でのインタビューをすることになります。

　自分で考えることを鍛えたいのか、単に処理能力を高めたいのか、ということを自分の中で明確にすべきです。タイプABの話にも通じますが、タイプA（処理能力の向上を目指す）の方がわかりやすい、つまり他者から評価されやすいので、それに飛びつきたい、多少性能がよいのであればその性能のままでこなしていきたいという気持ちはわかります。

　ただ、それだけでいいのか、ということだけです。せっかく考えることができるのに、なるべく「自分で」考えないようにするということを自分に課していいのか、ということだけです。

学 生
「ハンズオン・ラーニングをやる意味は何か」
≫ スタッフ
　それは自分で見いだすしかないということを伝えた上で、自分なりのハンズオン・ラーニングの意味について話します。

　そのためにも、教員やスタッフは、ハンズオン・ラーニングとは何かを語れるようになっておく必要があります。

以上はスタッフから聞いた話を少し抽象化して紹介しました。最後のケースにあったとおり、結果的に、教員を含むスタッフ全員が自分なりにハ

ンズオン・ラーニングについて語ることができない限り、学生との応対や地域での運営に関わることはできません。

　レイヤーのところで話した通り、運営上、その時々でレイヤーの厚みを確認しなければなりません。レイヤーの厚みとともにレイヤー間の連携、そして何よりもメンバーが勝手にレイヤー間を移動しないということです。

　仕掛け側の中でも、特に、教員とスタッフからなるレイヤーは重要です。そのレイヤーで共有されているノウハウこそプログラム運営上の財産になります。その中でも、スタッフは、教員と似たような話をしないことによって、教員の話を使うことによって、確固としたレイヤーを形成します。

　スタッフは学生本人の言葉を拾い、具体的なことにフォーカスしながら面談を進めていきます。一方、教員は、抽象度の高い大きな話をきちんと話し、プログラム全体の枠組みを明示し、維持します。

　面談のレベルで言えば、スタッフによる見極めは重要です。面接ではないので、すべての学生の面談を教員が実施するわけではありません。

　例えば、テーマ設定や面談で自信をもつことと、手応えを感じていることとは違います。本人が手応えを感じている場合、スタッフ面談止まりとし、あとはスタッフと教員との協議によって終わりです（本番を待つのみ）。手応えを感じていながらもう一息という学生の場合、教員にぶつけて箔をつけるという感じで自信を持たせます。空振りにしかみえないのに自信満々の場合も教員にぶつけます。

　また、知識勝負をしてくる学生もいます。そういった勝負を仕掛けてくるということはスタッフ面談を見下している節もあるので、教員にぶつけます。まったく敵わないというところから再スタートです。

　レイヤーはピラミッドではないので、教員だからといって頂点に位置しているわけではありません。教員の役割は、レイヤーの厚みによって異なってきます。レイヤーが厚くなってくれば、授業の運営はスタッフに任せ、プログラムレベルでの仕事やスタッフの見極めを見極めるという作業が待っています。

　たとえ教員であっても、新しくプログラムに関わる場合は、どこにどの

ように関わるかは慎重に見定めなければなりません。プログラム全体の仕組み、教員の立ち位置、各レイヤーでなされていることなど理解すべきことは多くあります。教員も学び合いというトレーニングをすることになります。学生に言っている棚上げを、教員もスタッフも、新しく関わることになった場合には、やらなければなりません。

　教員は、標準的な授業 ── 特に「社会探究入門」── を実際にやってみるというところから始まります。代筆のようなものです。いったん、徹底して真似をしてみて、自分の研究者としての知見を加えていくということなります。その授業は、ある意味で経験値の高いスタッフや学生の前で実践することになります。トレーニングをしろ、というには、トレーニングする姿を見せなければなりません。

　これはテーマ相談や面談についても言えます。学生から提出されたテーマやプロジェクト・プラン・シート（PS）を読むだけではなく、それを使ってスタッフがどのように面談しているのかを経験しなければなりません。面談ですからペーパーに対するコメントではなく、面談者に即して面談することが基本になります。

　ハンズオン・ラーニングという専門領域はないわけですから、いったん出来合いの現行プログラムからスタートするしかありません。そのため、現行プログラムの更新はなるべくシンプルなプログラムを目指すという方向になります。

3-6　教員を含む大人がやりがちなこと

　ハンズオン・ラーニングは、学びのある組織においてしか運営できません。教員を含むスタッフの一番の仕事は、運営体制がそのような組織によって担うことができているかを厳しくチェックすることです。もちろん、先に触れた通り、大学そのものが学びのある組織であることを放棄するのであれば、教育プログラムどころか、ラーニング・プログラムの維持は不可能です。

とは言え、仮に大学に対して相対的に自律した高等教育プログラムの導入が可能だとしても、プログラムに一番近い教員とスタッフの養成は最重要事項です。スタッフについては養成することができます。ハンズオン・ラーニングに関わる中で育ってきた教員や学生は、プログラムをつくってきた私よりも、ハンズオン・ラーニングを熟知していると思い知らされることが度々です。

　実践の大半をスタッフに委ねるがゆえに、教員の役割と資質は決定的です。教員という立場に対して、スタッフや学生はなかなか意見することができません。そのため、最低限、教員間で忌憚のない意見交換が必要です。ここでも学びのある関係が必要になります。

　例えば、学生も気にしていることですが、教員においても学生の成長を気にする人がいます。使役動詞的な思考の最たるものですが、学生も成長させてもらう、教員も成長させてやるという共犯関係が簡単にできあがるので、ラーニング・プログラムのなかに持ち込まれると一瞬にして蔓延ってしまいます。

　ハンズオン・ラーニングはそうした共犯関係で営まれる従来の教育プログラムのなかに「学びのある島」を打ち立て、守っていこうという考えで実施しています。従来の教育プログラムを否定するものではありませんが、世界中どこででもやっていて、「良質な」プログラムがある現状の中で、わざわざこの孤島にまで持ち込むことはありません。

　学びや成長を測るという立ち位置にいる限り、ハンズオン・ラーニングの教員をやることはできません。もし変化や成長という言葉を使うのであれば、学生が自らの変化や成長をどのように見ているのか、それを見るための基準や尺度のようなものを自分の中に持つことができているのかといったことを、学生の言動の中に見極めていかなければなりません。

　その見極めをするスタッフに囲まれて教員をやるためには、その見極めの妥当性を巡る議論の中で論点を明確にしていかなければなりません。

　教員も育つと言いたいところですが、教員は研究者でなければなりません。私は、研究者には研究力があると言うのであれば、形容詞の付かない

研究力をもって教育プログラムを更新していくべきであると考えています。その作業は研究者の学び合いの中にしか存在しません。

　研究者や専門家は研究とは何か、専門とは何かを問い、そうした問いへの暫定的な答えを持っているはずです。その意味では、研究者や専門家はまずもって「私たちは誰か」という問いに答えようと学ぶ、学者です。

第6章

おわりに
―― 学びのある社会を目指して

ハンズオン・ラーニングとはテニスのレシーブのようなものです。ラーニングと銘打った教育はそのようなものを目指しているはずです。サーブを打たなければゲームが始まらないのでサーブを打っているだけであって、教育 ── 仕掛ける側 ── は、基本的に待ちの姿勢になりますし、後手に回るしかありません。

　そして、何よりも、教育の側がテニスをやるつもりでサーブを打ったとしても、受け手の側で他のゲームを作りだしたり、ゲームのルールを変えたり、ゲームの中での達成を決めたりすることがある、という点が大切です。教育においてはつきものの課題なのかも知れませんが、ラーニングを自認する教育ではこの点への配慮こそが生命線になります。配慮しましょうということではなく、この配慮がないようであればやめた方がよいということです。

　ハンズオン・ラーニングとは、高等教育に関わる者であれば、「大学や教育、学びといったものをどのように考えているのか」という自分なりの考えを問われるものです。そして、その考えの妥当性を巡って議論し、実践することであり、そこには否応なく学び合いが発生します。

　本書は、これまでハンズオン・ラーニング・プログラムをさまざまな人たちと共に実践してきた中で得られた知見をもとに書かれました。もちろん書いたのは私ですので、「書かれました」という言い方は変かも知れません。しかし、実際、ここに書いていることは、基本的にすべて私が考えてきたことであり、このプログラムに賛同し協力してくれた教員、スタッフ、学生をはじめ、地域や企業の方々に説明し、共有し、実践してきたことを素材として考えてきたことを含んでいます。カリキュラムから科目、授業、具体的なインストラクションに至るまで、自らの実践というよりも、その実践に対する疑問、質問、反発などに応答してきたものであり、その意味で「書かれた」ものです。

　文中では、ほとんど文献を参照・引用していません。なぜこのように考えるのかと問われたとき、「この人がこう言っているから」ではなく、これまで本や交流を通じて出会ってきた方々の考えを踏まえた上で、「私が

このように考えるから」だと言い切らないといけないと思うからです。

　例えば、自由と平等は両立するのか、形式的なものと実質的なものの折り合いをつけることができるのかなど、決着はつきそうにありませんが、暫定的な判断のもとで決断しなければならないこと、決断しつつも考え続けなければならないことがあります。

　私は教育の専門家ではありませんし、教育学の研究者でもありません。大学院で研究者を目指しているとき、指導教官から「あなたは研究者を目指しているのかもしれないが、大学では教育をしなければならない。そのことについて、いまから考えておいた方がよい」、と言われました。その先生の基本的な考えは、大学院とは研究者を目指す人々が学び合う場所だということでした。

　研究者を目指して大学に職を得たわけですが、日々、教員として働いています。研究発表をしているわけでも、さまざまなメソッドを使って授業で試しているわけでもありません。

　私自身、研究者としては長らくフィールドワークをやってきましたし、その知見をもとに授業をやっていたこともあります。しかし、ハンズオン・ラーニングでは、研究者として必要なメソッドをそのまま授業に持ち込むのではなく、ハンズオン・ラーニングとしてフィールドワークを実践するとなるとどのような授業が、学びの主体たる学生にとって、学び合いのカウンターパートとしての地域の方々にとって、意味があることになるのかという観点から考えてきました。

　もちろん、専門家の視点からみれば、あの話は誰々の話だなとか、これはあのメソッドをまねているな、という箇所が散見されるでしょう。個々の叙述をマルクスやアレントをはじめとして、ビッグネームで権威付けすることはできるでしょうし、根拠を示すことが必要な場合があることも承知しています。しかし、研究者は教育の場では教育者ではならず、そこで問われるのは研究に向き合う過程で培ってきたものすべてを組み合わせて発揮される「教育力」です。

　専門家は専門家として見知っている知見やスキルをわかりやすく伝える、

ということで任を果たすことはできるでしょう。専門性を身につけていれば、専門性の枠組みの範囲であれば、誰にでも専門家としての教育はできます。

　教育に携わる人は、研究者や専門家ではなく、同じ人間として学び合う場面で何をしているのか、何ができるのかということを深く考えなければなりません。教育を学び合いと捉え直すことは、教員を含む教育的な立場に立つ人間にとって、学びに引きこもることではありません。広義の教員は、学び合いの一員であるに留まらず、学び合いに何らかの影響を与える言動をしなければいけない立場にあります。その立場から、私も学んでいますとか、私は研究者や専門家や科目の教員です、といった逃げ口上は通用しません。学び合いこそ、形容詞の付かない教員として実力が試される場となります。

　プログラムを開発・実践する中で、「ハンズオン・ラーニングのマニュアル的なものがほしい」という声があがりました。特に、「スタッフ」の立場で学生に関わることが多いスタッフからは、ツールではなく文章になった「マニュアル」がほしいという要望が出されました。このプログラムは、基本的な考え方をもっておけば、個々の立場や状況で実践していることにハンズオン・ラーニング的なものを加味すれば十分であり、プログラムそのものが出しゃばってはならないと思っています。

　ただ、学生も戸惑うように、「スタッフ」やメンター役の学生も戸惑うことが多かったようです。プログラムとしては、すでに、『ハンズオン・ラーニング・プログラム読本（通称Book）』（2022年3月）を公にしています。また、インターンシップ関連の科目については、『ハンズオン・インターンシップ（通称Guide）』（2023年4月）を作成済みです。

　学び合いにおいては、誰もが素人です。共に学び合う仲間です。学び合いという出来事を大切にする高等教育プログラムを充実させていきたいと思っています。

　学びのある社会であることをあきらめないために。

［参考文献］
関西学院大学ハンズオン・ラーニングセンター（2022）『ハンズオン・ラーニング・プログラム読本（Book）』
JAE（ジャイー）、関西学院大学ハンズオン・ラーニングセンター（2023）『ハンズオン・インターンシップ ガイド（Guide）』

あとがき

　「マニュアル」でもつくろうか、という軽い気持ちで執筆をはじめましたが、難渋を極めました。学び合いを謳うハンズオン・ラーニング的に言えば、学びにモノローグ的なマニュアルはありえません。まさしく、ここに書いた「とおり」に授業や学びが展開するわけではなく、これまではこうなったということ以上のことを書くことはできませんでした。

　その意味では、非常に控えめなマニュアルになりました。ただ、学びに関わるプログラムは、そのくらい控えめな方がよいとも思っています。やる気や意欲をあおり立てて、学べ学べという教育よりはましです。

　急ぎ足の執筆となりましたが、出版にまでこぎ着けることができました。

　この間、下書きに眼を通し、コメントをくれた仲間、授業や学外の活動を通じて共に学んできた学生のみなさん、いきなり乗り込んで一緒にプログラムをやりましょうという声に応じてくださった全国各地のみなさん、改めて感謝いたします。ありがとうございました。

　また、本書は関西学院大学研究叢書として、同大学より出版助成をいただき出版されるものです。貴重な出版の機会をいただいたことを、この場を借りて感謝申し上げます。

　最後に、何をしているのかわからないけどがんばれ、といつも励ましてくれる、高齢になった両親に感謝します。ありがとう。

2025年2月

木本 浩一

著者紹介

木本 浩一（きもと　こういち）

広島県佐伯郡湯来町（現広島市佐伯区）出身
1989年3月広島大学文学部史学科地理学専攻卒業、1998年3月広島大学大学院社会科学研究科国際社会論専攻博士課程（後期）単位取得満期退学、博士（学術）。
広島大学大学院国際協力研究科、広島女学院大学、摂南大学を経て、2016年4月より関西学院大学ハンズオン・ラーニングセンター教授（SGU特別招へい客員教授）、2023年4月より同教授。

関西学院大学研究叢書　第269編

ハンズオン・ラーニングのしるべ

2025年3月31日　発行

著　者　木本 浩一　ⓒ
　　　　（きもと　こういち）

発行者　小泉 定裕

発行所　株式会社 清文社

東京都文京区小石川1丁目3−25（小石川大国ビル）
〒112-0002　電話 03（4332）1375　FAX 03（4332）1376
大阪市北区天神橋2丁目北2−6（大和南森町ビル）
〒530-0041　電話 06（6135）4050　FAX 06（6135）4059
URL https://www.skattsei.co.jp/

印刷：㈱広済堂ネクスト

■著作権法により無断複写複製は禁止されています。落丁本・乱丁本はお取り替えします。
■本書の内容に関するお問い合わせは編集部までFAX（06-6135-4060）でお願いします。
■本書の追録情報等は、当社ホームページ（https://www.skattsei.co.jp/）をご覧ください。

ISBN978-4-433-41165-7